新电商精英系列教程

跨境电商营销

阿里巴巴商学院 编著

电子工业出版社
Publishing House of Electronics Industry
北京·BEIJING

内 容 简 介

"电商精英系列教程"自 2011 年问世以来，伴随着电子商务大潮在国内的兴起，已经热销 100 多万册，两次荣获电子工业出版社最佳品牌奖，成为全国范围内颇具影响力的电子商务系列教程，是几代电商人和院校学员学习的"绿色记忆"，中间经过几个版本的更新迭代。2023 年，第 3 次升级版"新电商精英系列教程"问世！

本套丛书均配有 PPT 课件，由阿里巴巴商学院召集多位优秀电商讲师和电商领域的专家、学者编写。丛书包括 8 本：《网店推广》（第 3 版）、《电商直播》、《电商运营》（第 3 版）、《网店美工》（第 3 版）、《网店客服》（第 3 版）、《跨境电商物流》、《跨境电商营销》、《跨境电商独立站运营》。

《跨境电商营销》专注在跨境电商营销实战中的经验和技巧，先从国际贸易的大趋势以及国家对于跨境电商的大力支持开始介绍，深度讲解了跨境电商巨大的潜力。书里包含了跨境电商平台运营经验，独立站运营经验，社交平台引流技巧，节假日引流技巧，以及海外直播电商的技巧。

图书在版编目（CIP）数据

跨境电商营销 / 阿里巴巴商学院编著. —北京：电子工业出版社，2023.8
新电商精英系列教程
ISBN 978-7-121-46135-4

Ⅰ. ①跨… Ⅱ. ①阿… Ⅲ. ①电子商务－市场营销学－教材 Ⅳ. ①F713.36

中国国家版本馆 CIP 数据核字（2023）第 152761 号

责任编辑：张彦红　　文字编辑：高丽阳
印　　刷：三河市良远印务有限公司
装　　订：三河市良远印务有限公司
出版发行：电子工业出版社
　　　　　北京市海淀区万寿路 173 信箱　　邮编：100036
开　　本：787×980　　1/16　　印张：17　　字数：326.4 千字
版　　次：2023 年 8 月第 1 版
印　　次：2023 年 8 月第 1 次印刷
定　　价：69.00 元

凡所购买电子工业出版社图书有缺损问题，请向购买书店调换。若书店售缺，请与本社发行部联系，联系及邮购电话：（010）88254888，88258888。

质量投诉请发邮件至 zlts@phei.com.cn，盗版侵权举报请发邮件至 dbqq@phei.com.cn。

本书咨询联系方式：faq@phei.com.cn。

"新电商精英系列教程"编写委员会

主　　任：章剑林　阿里巴巴商学院　执行院长、教授

副 主 任：范志刚　阿里巴巴商学院　副院长、副教授

委　　员：刘　闯　阿里巴巴商学院　博士、教授

　　　　　徐瑶之　阿里巴巴商学院　博士、副教授

　　　　　孙　璐　阿里巴巴商学院　博士、副教授

　　　　　丁言乔　阿里巴巴商学院　博士、讲师

丛书编写企业专家组成员：

　　　　　陈　林　　李文渊　　徐鹏飞　　朱华杰

　　　　　庞欣然　　王晓琳　　杨志远　　李　广

　　　　　上官洪贵　　王　鹏　　施建亮

组织单位：杭州师范大学阿里巴巴商学院

序

————————————————————

数字经济的崛起与繁荣，赋予了经济社会发展的"新领域、新赛道"和"新动能、新优势"，正在成为引领中国经济增长和社会发展的重要力量。电子商务作为数字经济中极具活力和发展潜力的领域之一，持续推动着数字时代各行业商业模式的创新和转型，2022年，全国网上零售额13.79万亿元，产业电商市场规模达31.4万亿元。随着技术和社会媒体的不断发展，电商行业正在经历着新的转型和变革，在这个过程中，越来越强调消费者体验。智能化进程加速、社交电商和直播电商的崛起，以及数字货币和元宇宙的应用成了当前电商行业的最新趋势，进一步推动电商成为中国经济社会转型发展的重要一极。

新技术的应用，例如移动互联网、人工智能和区块链等，推动了电商快速发展和营销模式不断创新。同时，这些技术也对整个电商生态系统中的各类参与方提出了更高的要求。从区域发展的角度来看，各大电商龙头企业争夺的"主战场"已经从一二线城市扩展到三四线城市，并向东南亚、非洲和中东等新兴电商市场转移。下沉市场和跨境电商则成为新的风口。从电商平台模式创新的角度来看，传统主流电商平台规则在不断升级，而新涌现的O2O、社交电商和直播电商等多种新模式更注重消费者个性化需求和购物体验。电商创业者必须具备更前沿化和技术化的知识，以适应以数据驱动、网络协同和客户体验为核心要素的智能商务时代。

在过去三十年中，电商人才培养已经取得了显著的成果。然而，如何更好地培养电商人才以适应行业发展是一个难以回避的问题。一方面，新的电商模式和后发地区的电商升级都面临着电商人才短缺的问题。虽然在校电商专业的学生掌握了一定的理论知识，但在实际操作和应用层面，他们往往难以满足最前沿的行业技能要求。从业人员在实践中积累的知识往往零散、片段化，缺乏必要的体系和提升。另一方面，国内现有的电商相关专业课程和培训内容难以与时俱进。传统的工业时代教育体系已经不能适应新经济时代对人才巨大且崭新的知识要求。

教育部高等学校电子商务类专业教学指导委员会在过去数年中，在电商人才培养的总体目标、专业素质构成、培训体系设置以及产教融合拓展等方面开展了大量的工作，取得了多项宝贵共识。作为该委员会的一员，笔者参与并见证了国内电商人才培养的改革和创新，深知要在互联网发展日新月异的情境下保持相应知识内容体系的适应性，既是一项振奋人心的任务，更是一个非常艰巨的挑战。电商创新创业人才的培养，必须一如既往地秉承前沿理念，紧跟行业领域的技术及市场趋势，形成更具时代感的电商创新创业知识体系，为电商行业的发展注入新的活力。

多年来，笔者所在的阿里巴巴商学院一直致力于满足新经济时代不断变化和升级的需求，在电商和数字经济领域创新型人才的教育、培训和教材方面做了大量卓有成效的工作，为行业和社会各界输送了成千上万名高素质电商人才。这次学院组织召集了三十余位活跃于电商一线的资深创业者和优秀商家，高等院校一线教师，以及教育部高等学校电子商务类专业教学指导委员会专家，对"新电商精英系列教程"进行了新一轮的升级，既考虑到数字经济时代的新变化和新需求，也兼顾到电商新竞争格局中涌现出的新主体和新规则。我们相信，这套教材将成为电商人才培养探索的重要里程碑，能够积极促进电商行业的发展，同时也将为广大创业者和从业者提供有价值的参考。

章剑林

阿里巴巴商学院执行院长

教育部高等学校电子商务类专业教学指导委员会副主任

2023 年 4 月于杭州

再版前言

"电商精英系列教程"自 2011 年问世以来，伴随电子商务大潮在国内的兴起，已经热销 100 多万册，两次荣获电子工业出版社最佳品牌奖，成为全国范围内颇具影响力的电商系列教程，是几代电商人和院校学员学习的"绿色记忆"。

2016 年，电子工业出版社推出丛书升级版"新电商精英系列教程"。2019 年，第 2 次升级版"新电商精英系列教程"问世！2023 年，第 3 次升级版"新电商精英系列教程"（即本套丛书）问世！

丛书为电商创业者、从业者和大中专院校的电商相关专业学生提供了一系列体系化、具有实践性和可操作性的电商知识。这些知识不仅让电商行业人才技能及素质得到了极大提升，更让我们一起见证了电商行业最激动人心的时代！

实践总是超前于理论的发展，系统的学习必须要对来自实践的知识进行梳理与总结。阿里巴巴商学院发起了此轮（第 3 次升级版）修订工作，旨在"培养一批能够适应新技术和新模式快速涌现的电商实操型人才"。我们密切关注新经济趋势，深度调研电商行业人才能力的构成，并严格把关教材内容和作者筛选。历时近六个月，我们完成了这套新版"新电商精英系列教程"。本次修订体现了以下几个新特点：

第一，新版教材更符合电商前沿知识体系需求。

在多方专家讨论的基础上，新版教材新增了跨境电商独立站运营、跨境电商物流、跨境电商营销三个专题，进一步契合全球化电商运营的现实场景，为电商从业人员提供更系统化的基础知识。通过增加的这三个专题，读者可以更深入地了解电商的最新发展趋势和运营方法，有助于更好地应对市场变化和提高竞争力。

第二，电商"产教"整合实现优质内容发布。

编委会邀请三十余位活跃于电商一线的资深创业者和优秀商家，高等院校一线教师，以及教育部高等学校电子商务类专业教学指导委员会专家共同参与编写，既保证了内容具有指导性和可操作性，也保证了内容的逻辑性和条理性。通过"产教"整合，丛书能够更好地满足电商行业从业者的实际需要，提高读者的学习效果。

第三，全方位优化设计提高电商相关专业学生的学习体验。

编写团队在创作初期便充分考虑如何将新版教材更广泛地应用到高等院校中电商相关专业的全日制大学生群体及自学人员。在内容上，丛书结合高校学生培养特点做了相关设计，如在各章都安排有练习题和答案。这些优化的设计可以帮助读者更深入地理解和掌握电商知识，让学习过程更加轻松、简单和有效。

《跨境电商营销》是本轮升级版教材的重要组成部分，全书一共分为 12 章。第 1 章由秦文渊老师编写，主要内容是跨境电商的发展趋势和市场趋势分析；第 2 章由李文渊老师编写，主要内容是主流跨境电商平台的特点以及开店流程；第 3 章由沙林老师编写，主要内容是跨境电商基础营销手段和渠道；第 4 章由上官洪贵老师编写，主要内容是跨境电商平台站内引流技巧；第 5 章由王画树老师编写，主要内容是 TikTok 跨境电商内容营销；第 6 章由沙林老师编写，主要内容是海外国家营销节点以及旺季营销策略；第 7 章由秦文渊老师编写，主要内容是数据运营；第 8 章由李文渊和王画树老师联合编写，主要内容是跨境内容电商及运营技巧；第 9 章由李文渊老师编写，主要内容是邮件营销以及优化的核心策略；第 10 章由李文渊老师编写，主要内容是标杆跨境电商企业案例分析；第 11 章由上官洪贵老师编写，主要内容是跨境电商知识产权风险规避；第 12 章由王画树老师编写，主要内容是跨境电商的团队组建及团队管理。此外，范志刚、丁言乔、张彦红和高丽阳四位老师对本书的编写给予了大力支持。

本书凝聚了诸多优秀商家的智慧与心血，编写工作得到了政产学各界领导、专家、学者的关心和支持，部分素材、数据来源于行业内权威的研究机构及相关网站信息，在此一并表示感谢！

由于电商行业的发展日新月异，编写组水平也有限，书中难免有不当之处，敬请广大读者指正。

"新电商精英系列教程"编写委员会

目　录

第 1 章

跨境电商的发展趋势和市场趋势分析

1.1 跨境电商简介

随着 21 世纪中国现代化经济的快速发展，全球电商市场规模增长迅速，尤其是跨境电子商务（以下简称跨境电商）市场。据网经社电子商务研究中心与网经社跨境电商平台统计，截至 2021 年，我国跨境电商交易规模逐年增长，如图 1-1 所示。

图 1-1　中国跨境电商交易规模

以上现状对跨境电商从业者提出了更高的要求。跨境电商从业者需要掌握跨境电商的概念，熟悉跨境电商的操作流程和商业模式，培养跨境电商情境下的战略思考和分析能力。

1.1.1 跨境电商的概念

1. 概念

跨境电商是指属于不同关境的买家和卖家以电子商务平台为交易媒介，以在线支付为交易结算渠道，以跨境物流为产品传输纽带，最终实现在线跨境交易的商业行为。

跨境电商的兴起是经济全球化和互联网发展的必然结果。相比于传统外贸，跨境电商的成本更低，利润更高，是当前国际贸易中颇具活力的业态和模式。跨境电商的模式培养出一批批拥有高性价比和品牌溢价能力的本土品牌，跨境电商平台也为中国本土品牌的出海提供了航道。

如图 1-2 所示，阿里巴巴全球速卖通平台（简称速卖通）每年都会评选出十大出海品牌。

图 1-2　速卖通年度出海品牌评选

如图 1-3 所示，阿里巴巴国际站每年都会评选出数字外贸真牛奖，打造 B2B 出海标杆品牌。

图 1-3　阿里巴巴国际站年度数字外贸真牛奖评选

2. 跨境电商分类

（1）跨境电商按进出口区分，分为进口跨境电商和出口跨境电商。进口跨境电商以天猫国际、网易考拉等平台为代表；出口跨境电商以速卖通、亚马逊等平台为代表。

（2）跨境电商按商业模式区分，可以分成跨境 B2B 电商平台、跨境 B2C 电商平台和跨境 C2C 电商平台。

① 跨境 B2B

B2B 是 Business-to-Business 的缩写，即企业与企业的交易，通俗地说，跨境 B2B 平台是以批发为主的线上交易平台。

② 跨境 B2C

B2C 是 Business-to-Customer 的缩写，即企业与终端买家的交易，通俗地说，跨境 B2C 平台是以零售为主的线上交易平台。

③ 跨境 C2C

C2C 是 Customer-to-Customer 的缩写，即个人同个人的交易，阿里巴巴旗下的闲鱼平台是国内 C2C 电商平台。跨境平台 eBay 拥有直接购买和拍卖两项功能，其中个人卖家发起拍卖的行为属于跨境 C2C 的模式。

如图 1-4 所示，eBay 的拍卖产品提供限时竞价功能。

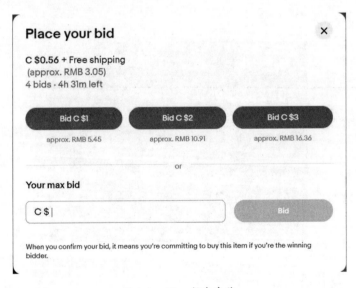

图 1-4　eBay 拍卖竞价

1.1.2 跨境电商的基本原理

跨境电商不仅仅是将线下交易搬到线上进行，互联网的无限性和扩展性为网上交易平台注入了新的活力，跨境电商的卖家拥有更丰富的产品选择和店铺推广渠道，这是跨境电商能稳定发展的原动力。

1. 跨境电商卖家的推广特点

1）多渠道

以 Facebook 为代表的社交媒体，以 Google 为代表的搜索引擎，还有各类促销折扣等联盟网站，都极大地丰富了跨境电商平台的推广渠道。

2）富媒体

与传统线下购物不同，跨境购物的宣传方式因为 YouTube、TikTok 这类视频分享网站，以及 Pinterest 这类图片分享网站变得丰富多彩。产品的使用效果及各种新奇的使用场景被分享出来，在网络上引起粉丝关注，同时为跨境电商的网站带来流量。近年来，随着 TikTok 这类视频、直播平台的兴起，富媒体推广电商的趋势愈加火热。

3）个性化

跨境电商的买家需要填写买家账号资料，所有的购物信息都会被记录下来，通过数据分析我们可以得到所经营店铺的买家画像，内容包含他们的年龄、国籍、城市、性别和所购买产品，卖家通过数据分析可以为目标人群提供更个性化的营销服务。

图 1-5 所示是速卖通平台服装类目俄罗斯买家的性别统计。

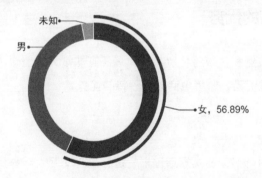

图 1-5　速卖通平台服装类目俄罗斯买家性别统计

2. 跨境电商平台运营原理

跨境电商的健康发展需要卖家、买家、支付、物流四大支柱。如图 1-6 所示，跨境电商平台的运营原理就是通过招募卖家带来产品，引入买家带来流量，打通支付让买家可以顺利下单，最后通过和物流渠道合作保证全球配送。

图 1-6　跨境电商平台的运营原理

跨境电商平台卖家的重点工作在于开发有市场需求的产品，并不断深化产品线，完善横向及纵向品类，耕耘出自己的一片市场。

1.2　跨境电商的机遇与挑战

1.2.1　跨境电商的优势

跨境电商的体量虽然和传统跨境贸易的体量还有非常大的差距，但是这个差距正在逐步缩小。比起传统跨境贸易，跨境电商有其独特的优势。

1. 交互式购物体验

在线下购物过程中，买家和卖家通过语言进行单一交互，转移到线上以后，这些交互以产品评价和问答的方式留存下来，供其他潜在买家参考。

2. 品类全，性价比高

线上购物不受实体空间限制，可以轻松实现多品类产品发布，买家足不出户就能轻松购得自己想要的产品。同时，中国制造的性价比优势能够很好地辐射到国内跨境电商卖家，相比于国外的电商卖家，产品成本的优势也体现在售价的优势上。

3. 保护买家隐私

注重生活隐私而又有特殊品类需求的买家也逐渐向线上购物靠拢。他们不需要担心被人发现走进线下商店购买某些用品，因为线上购物能够轻松避免这类尴尬，这也极大地刺激了消费。

4. 全时域，超地域

跨境电商不像线下超市和商场每天有固定的营业时间，而是将线上购物时间拉伸为 7×24 小时，地域也由单一的城市区域延伸到全球。

1.2.2　跨境电商面临的挑战

在持续高速发展的同时，跨境电商也面临着诸多挑战。

1. 全球经济的多变性

跨境电商近年来的稳定发展，固然是全球经济发展的侧面写照，但是也正因为全球经济存在多变性，跨境电商面临诸多挑战。

2. 各国电商贸易法的逐步完善

时至今日，跨境电商已然是一个众所周知的热门行业，但是从其萌芽到现今的蓬勃发展，也不过十几年。

近几年，一些欧美国家着手规范电子商务平台，出台了针对跨境电商的税收政策。在新的经济形势和各国电商制度更加完善的背景下，跨境电商面临新一轮挑战。

如图 1-7 所示，电商法案的实施明确了卖家责任和买家权益。

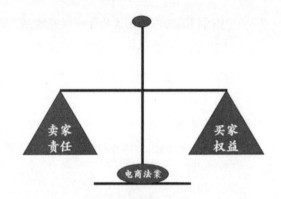

图 1-7　电商法案明确卖家责任和买家权益

1.3　跨境电商的发展趋势

1.3.1　海外仓本地化趋势

1. 跨境电商的本地化趋势

跨境出口电商的发展迅猛，国家又出台了诸多的利好政策，再加上国内电商市场竞争日益激烈和趋于饱和，很多国内的电商卖家寻求转型，进入跨境电商这个行业。国内的贸易工厂也有同样的困扰。随着人们环保意识的加强和人工成本的不断上升，贸易工厂的成本逐步上涨，很多工厂赚着非常微薄的代工费还要负担工厂的开支，非常吃力，于是选择了自产自销的路线，开通了跨境电商的账号。大量的卖家、买家涌入跨境电商这个市场，不管对于国内的卖家还是国外的买家，跨境电商都是新鲜的事物。首先，对于卖家来说，可以把产品直接销售给国外买家，省去了很多中间环节，这是以前从来不曾有过的事情。其次，对于国外买家来说，只要花一半的价格就能买到和本国产品品质一样的产品。这便促成了跨境电商的 1.0 时代——大量卖家铺货，把很多低价的快消品放到跨境电商平台上。

随着全球消费的升级，国外的买家越来越重视产品的品质。很多出售廉价产品的跨境电商卖家，很难像前两年一样日出千单，产品本身的原因带来的国外买家客观的差评，让自己的店铺每况愈下，销量一落千丈。而这个时候有一些卖家却脱颖而出，这些卖家没有选择大量铺货的路线，而是走精品化路线，店铺的 SKU（Stock Keeping Unit，存货单位）数量并不多，但都是精品，再配以较好的服务和视觉营销，这样的产品深受海外买家的喜欢，这些扎根于产品质量的卖家在这个阶段狠狠地赚了一笔。这就是跨境电商 2.0 时代，也是品牌化的时代。在这个时代，也涌现出一批深受海外买家喜欢的中国品牌，如李宁和安踏。

随着近年来亚马逊的高速发展和全球布局，亚马逊的 FBA（Fulfillment by Amazon，亚马逊物流）受到了全球消费者的一致好评。这种由亚马逊直接配送的物流方式，效率高，更人性化，买家可以在下单后短时间内收到自己心仪的货品，于是，很多跨境电商平台都开通了海外仓服务，更快更好地服务当地买家。同时平台为了顺应潮流，给海外仓卖家非常大的流量扶持，于是很多中国的卖家开始开通海外仓服务。速卖通卖家扎根于俄罗斯市场，亚马逊卖家扎根于美国和欧洲市场，Lazada 卖家开始布局东南亚的海外仓。跨境电商进入 3.0 时代，即本地化销售时代。

在跨境电商本地化趋势凸显的背景下，国内发货具有以下弊端。

（1）配送慢。从历史数据来看，中国邮政小包发到俄罗斯平均需要 25～35 天，到达巴西这样的南美洲国家需要 60～90 天。发往欧洲和北美洲的包裹相对来说运输得快一些，也大概需要 15～20 天，即使使用专线物流，也要 10～15 天，而且费用是邮政物流的几倍，很多卖家负担不了这样的成本。目前跨境电商的主流物流渠道的时效严重制约了这个行业的发展。

（2）难追踪。货物出境后往往无法追踪，物流发达且主要使用英语的英美澳等国情况较好，一些小语种国家及物流行业极不发达国家，就算拿到单号也未必能够查询到包裹的投递信息，难以实现包裹的跨境全程追踪。

（3）清关慢。海关是跨境电商物流的重要关卡。买家面临着两道海关关卡：出口海关和目的地海关。在出口海关处面临的问题主要有货物退回、安检不合格、材料缺失。另外，在大促和旺季时，海关很容易积压货物，影响物流时效。而在目的地海关处面临的问题则是关税、补充材料和海关处理能力的问题。所以海关是影响物流时效的重要因素。

（4）易破损。跨境电商物流过程是一个漫长的、需要不停周转的过程，所以货物容易破损，极大地影响了购物体验。

（5）难退换。在跨境电商中，90%的包裹都是跨国发货的，退换货成了很大的问题。特别是中国发往国外的货物相对来说售价是很低的，如果国外的买家要退换货，那么寄回中国的物流成本很可能比货物本身的售价还要高。所以难退换也是国内发货的弊端之一。

2. 海外仓的优势与弊端

相比于国内发货，海外仓具有很强的竞争优势，具体体现在以下几点。

（1）提升了购物体验。海外仓顾名思义就是从买家当地发货，处理速度快，包裹可全程跟踪。卖家通过传统海运或者空运的形式将产品发到目的地国家或地区，然后快速清关，送入当地的仓库，买家下单后可以快速拿到产品。

（2）降低了物流成本。邮政物流有很多限制，比如邮政小包不能超过 2 千克，3 边的长度之和不能超过 90 厘米，很适合发小件。如果要发大件，使用邮政物流大包和商业快递，成本会高出好多倍。而使用海外仓打破了物品的重量、体积和价值的限制，极大降低了大件物品的物流成本。很多人觉得海外仓的仓储和服务费用很高，其实并不是。如果是自建海外仓的话，成本当然会很高，但是目前市场上有很多海外仓租赁的公司，价格还算合理，而且卖家也可以和其他卖家拼仓，价格会优惠不少。

海外仓有得天独厚的优势：快速的物流，更好的退换货服务及购物体验，但是，海外仓也存在着一些弊端。在选择海外仓时，卖家需要考虑下列问题，避免在决策上出现失误，导致亏损。

（1）滞销库存。成熟的跨境电商卖家平均每年有 5 万～10 万元的海外滞销库存，有的甚至达到百万元。数据显示，有 50%以上的卖家会选择低价销售，20%的卖家会选择销毁，11%的卖家会选择当地分销或者其他销售方式。控制海外仓库存量是非常关键的，控制得好就能从中获利，控制不好就容易导致亏损。所以利用好海外仓库存也是一门学问，要理性看待海外仓备货。

（2）本土化挑战。做本地化销售，要对本地的文化、历史和社会有一定的了解才能选出合适的营销方法和渠道。很多卖家还是停留在把货放在当地去卖，但是实际上想要销量高，制定适合的营销策略很关键。

总之，海外仓的优势不言而喻，它也是未来跨境电商的趋势，但是自建海外仓的成本较高，不建议跨境电商新卖家操作，更适合熟悉跨境电商规则、销售规模较大、抗风险能力较强的企业。

1.3.2　万国邮联成本优势消失

万国邮政联盟（简称万国邮联）是联合国专门负责国际邮政事物的机构，总部设立在瑞士，它的主要职能是组织和改善国际邮政业务，向成员提供各种便利服务，包括提供邮政技术援助、改善国际邮政业务、发展邮政国际合作。得益于万国邮联，我国跨境电商卖家可以以低廉的邮费将产品销往全球。

然而，2018 年 10 月，美国启动退出万国邮联程序，虽然在 2019 年 10 月美国政府正式宣布放弃退出万国邮政联盟，但这也给我国跨境电商的未来带来了挑战。假如美国退出万国邮联，对于我国卖家有何影响？如果其他国家陆续退出万国邮联，后续跨境电商发展趋势如何？以下几个问题需要谨慎考虑。

1. 中小卖家将会被影响，低价的产品会遭到重创

根据万国邮联的规定，发展中国家向发达国家发送包裹和文件是有大量补贴的，因此对于中国卖家来说，万国邮联是做廉价产品的根本。如果有国家退出了万国邮联，就意味着享受不到万国邮联的补贴和福利，物流费将上涨，势必导致很多 5 美元以下的产品退出市场，中小卖家会受到极大的影响。

2. 运营成本增加，资金链紧张

物流成本是所有跨境电商运营最大的成本。以美国为例，假如美国退出万国邮联，出口产品直邮美国的成本势必会直线上升。相应地，很多卖家的销售成本、物流成本及运营成本也会上升，进而会带来资金链紧张。

3. 货物代理公司遭受挑战

如果很多国家退出万国邮联，中国的货物代理公司可能会受到很大的冲击。因为数据显示，90%的中国卖家还是依赖货物代理公司发货的。

4. 海外仓服务的需求将不断加大，专线空间更大

若相关国家退出万国邮联，卖家的物流成本将上涨，这时，海外仓反而是更好的选择。此外，还有一些专线渠道，时效高，服务好，但是价格偏高。在相关国家退出万国邮联之后，专线的优势就体现出来，成为广大卖家可以选择的渠道。

相关国家退出万国邮联之后，卖家要有充足的准备，调整好心态。首先要观察欧洲强国对万国邮联的态度，其次要考虑产品的定价和物流的选取，这很重要。有经验的卖家可以尝试海外仓和专线物流，这是解决万国邮联未来问题的好办法。

1.3.3 供应商深度开发

在跨境电商 1.0 时代，跨境电商从业者以大量铺货为主，没有运营的概念，有订单则发货，无订单则铺货。随着全球消费升级和跨境电商大环境的变化，这样的模式已经完全行不通了。之前那种复制淘宝链接和 1688 链接到网店的模式并不被海外买家认可，平台的产品同质化极为严重，购物体验极差。所以，做好跨境电商需要回归电商的本质，也就是产品和供应链。

Anker 是一家以充电宝和数据线产品为主的跨境电商企业。在短短三年时间内，Anker 占据了北美市场份额的第一位；在欧洲，Anker 也是家喻户晓的品牌。因为 Anker 产品耐久度高、产品质量好，全球的买家都信赖 Anker，就像其广告里说的一样，Anker 出品的数据线可以拖动一辆小轿车，而且不会断掉。Anker 不断在自己所擅长的类目钻研，才取得今天的成绩。另外，中国无人机品牌大疆，目前也是全球领先的无人机品牌，每次发布新产品，同行难以望其项背，这同样得益于大疆的不断钻研。所以，相比于无差别铺货，产品精品化才是跨境电商从业者能够做大做强的关键。

产品的精品化需要卖家提高对市场的敏感度，与供应商进行协同合作，开发符合市场需求的产品。在与供应商的合作关系中，跨境电商卖家需要重视自身能力的培养，提高自身对优秀供应厂商的吸引力和议价能力，逐渐扩大市场规模，实现与供应商的合作共赢。

综上所述，在跨境电商的经营中，不仅要广泛铺货，还要深耕自身擅长的产品类目。尽管某些类目市场容量不大，但是，只要不断深入钻研、挖掘产品，做出有差异化的产品，打造与众不同的"爆款"产品，就能提升销售量，并有机会成为单一类目中的冠军。

1.3.4 服务质量升级

全球消费的升级带动服务质量的升级。以前跨境电商运用的是卖货思维，只要把产品卖出去就可以了，卖家和买家之间没有互动和沟通，导致买家购物黏性非常差。在流量成本如此高的今天，老买家显得格外重要，因此各个平台都在服务方面下足了功夫，让买家有更好的购物体验。

（1）客服质量的提升。各个平台对客服的考核越来越严格。以亚马逊为例，如果买家有问题，卖家一定要在 24 小时内回复，否则扣绩效分。其他平台也是类似，有些很用心的卖家专门邀请了小语种的客服来服务小语种的买家，十分周到。

（2）海外仓。海外仓对于服务质量的提升有巨大帮助，特别是发货效率和退换货方面。

（3）买家和网站的交互。Wish 平台和速卖通平台推出了很多小游戏和攒金币的活动，让买家在玩游戏放松的同时还能获取折扣福利，这些为了增加和买家的互动而设置的小模块，很好地提升了买家黏性。

（4）直播销售。直播销售可能是淘宝在 2018 年最好的销售方式了，跨境电商也没有落后，速卖通经常会请一些俄罗斯的网红（网络红人）来进行直播，帮助卖货。一方面，增加了网红和粉丝的互动，另一方面，独特的销售方式带动了销量的增长。

（5）社交互动。更多卖家选择用社交网络去提升自己品牌的知名度，因为他们认为这是最好的一种口碑营销模式。社交网络确实是非常有效的一种营销方式，可以快速让产品和品牌得到曝光，并且精准推送到有需要的买家面前，同时还可以为自己的品牌聚集粉丝，为以后的品牌裂变奠定良好的基础。

总而言之，跨境电商发展迅速，平台政策日新月异，卖家只有不断观察全球局势和平台变化，不断提升自己的产品研发能力、营销能力和服务能力，才能抓住机遇，紧跟跨境电商发展的步伐。

1.4 跨境电商平台

1.4.1 主流跨境电商平台的分类

本书着重介绍目前主流的几个跨境电商平台,分别是速卖通、亚马逊、Wish 和 eBay。这四大平台作为目前较受欢迎和卖家基数较大的平台,在全球也拥有非常高的知名度,受到全球消费者的喜欢。

(1)全球速卖通(AliExpress)。阿里巴巴旗下针对全球市场打造的跨境电商出口 B2C 平台,覆盖 200 多个国家和地区,有成熟的运营体系,不懂英文的卖家也可以轻松上手,而且有速卖通官方的无忧物流辅助,货通全球,非常方便。速卖通有上亿种产品在线,能充分满足全球用户购物需求,速卖通的 App 下载量在多个国家购物类应用中均领先,并且在俄罗斯、西班牙和以色列等国家享有盛誉。2019 年 3 月,速卖通甚至在俄罗斯推出在线售汽车服务,消费者可在速卖通一键下单支付预付款,到指定线下门店支付尾款即可直接将线上购买的汽车开回家。图 1-8 和图 1-9 所示为速卖通相关介绍。

图 1-8　全球速卖通流程介绍

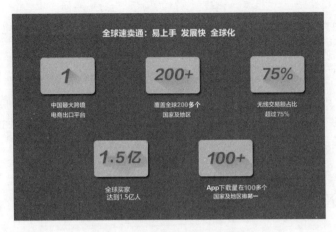

图 1-9　全球速卖通的骄人数据

（2）亚马逊（Amazon）。亚马逊公司是美国最大的网络电子商务公司之一，位于华盛顿州的西雅图市。亚马逊成立于 1995 年，是网络上最早开始经营电子商务的公司之一，一开始只经营书籍销售业务，而后经营范围逐渐扩大，一度成为全球产品品种最多的网上零售商之一和全球第二大互联网企业。亚马逊在 2010 年开放了中国招商市场，卖家可以通过亚马逊平台把物美价廉的产品销售到全世界。截至 2022 年底亚马逊共有 14 个站点，其中美国站的体量最大。亚马逊平台卖家数量的增长是非常惊人的，单单在 2018 年，亚马逊平台就新增了约 100 万个卖家，截至 2022 年底平均每天有 3400 个卖家加入，可以想象亚马逊在全球卖家心中的地位。

（3）Wish。Wish 是一款基于手机端的购物 App。主要用户来自美国和西欧，Wish 的操作界面非常简洁，弱化了传统电商搜索的功能，通过机器学习，用个性化推送的方式把产品呈现给用户。Wish 会根据用户在社交媒体留下的浏览痕迹来判定用户的喜好，然后将准确的产品通过"千人千面"的方式呈现到用户面前，所以每个用户的 Wish 界面都大不相同。Wish 目前是全球第六大电商平台，发展也非常迅速。

（4）eBay。eBay 是一家总部位于加利福尼亚州圣何塞的美国跨国电子商务公司，通过其遍布全球的网站，促进 C2C、B2C 及 B2B 形式的销售。作为老牌的电商企业，其在跨境方面做得非常成功。eBay 在全球有近 50 个站点，覆盖了主要的发达国家，流量非常可观，其中美国站、英国站和澳洲站是比较重要的站点。值得一提的是，在 eBay 平台注册一个卖家账号，即可在以上所有分站点发布与售卖产品，避免了烦琐的各站分别注册。同时，各站点之间相互独立，卖家产品可分站点发布。在 eBay 平台热销的类目是电子类、时尚类、汽摩配件类、家居类及工业制品类。

（5）阿里巴巴国际站。阿里巴巴国际站是全球网上 B2B 交易平台，提供全套数字外贸服务，一站式解决买家和卖家的跨境贸易需求，服务 200 多个国家和地区的超过 2600 万名活跃买家、20 多万名卖家。阿里巴巴国际站截至 2022 年底出口金额达到 1000 多亿美元，2022 财年交易额同比增长 46%。入驻阿里巴巴国际站需要有企业营业执照、真实办公场地等。

1.4.2 细分的跨境电商平台

在跨境电商领域还有很多垂直的，或针对特定区域的跨境电商平台，以下分别进行介绍。

1. Lazada 和 Shopee

Lazada 和 Shopee 都是东南亚的跨境电商 B2C 平台，Lazada 在 2021 年公布其年销售额规模为 210 亿美元，Shopee 在 2021 年公布的年 GMV（Gross Merchandise Volume，产品交易总额）则达 625 亿美元，这些数据表明东南亚市场潜力巨大。随着互联网渗透率的逐渐提升和智能手机的普及，更多的东南亚消费者愿意参与电商购物。截至 2022 年底两个平台的站点包括越南站、新加坡站、马来西亚站、印度尼西亚站、泰国站、菲律宾站和中国台湾站。

2. Cdiscount

Cdiscount 是法国电商领域的领军者。Cdiscount 平台每个月平均有 2000 万个独立访客和接近 900 万个活跃用户。平台产品以时尚和电子产品为主，产品总数超过 4200 万种，服务法国 6700 万人口。2018 年 Cdiscount 辐射全欧洲，不仅可以发货至法国，还可以发货至比利时等其他欧洲国家。根据法国电子商务联盟统计，2021 年法国电商平台中，Cdiscount 用户活跃度最高，线上营业额高达 43 亿欧元。入驻 Cdiscount 也相对容易，只要懂法语，有营业执照、法人身份证和对公第三方收款信息就可以。

3. KiKUU

　　KiKUU 是非洲知名的跨境电商交易平台，深耕非洲市场，主要业务是 B2C。主要针对非洲的白领，主要面向的国家是加纳、乌干达、坦桑尼亚、喀麦隆等，并且在这些国家都建立了全程物流配送中心。截至 2022 年底，KiKUU App 注册用户已超过 1000 万人，年销售额增长 200%以上，长期位居非洲购物类 App 排行榜榜首。KiKUU 自建物流体系，广泛实施"泛非计划"，保证非洲九国的物流时效，并且配送至"最后一公里"。很多中国卖家，特别是销售智能手机的卖家在 KiKUU 平台取得了喜人的成绩。

4. TikTok

　　TikTok 是字节跳动旗下的短视频社交平台，于 2017 年 5 月上线，其针对不同市场采取符合当地需求的本土化运营策略，向个人创作者和企业开放，卖家可申请小黄车权限，通过短视频、直播或者达人代售方式销售产品。TikTok 在部分国家（比如美国）还未支持小黄车，则需卖家注册 Shopify 挂载售卖。

本章习题

一、名词解释

　　1. 跨境电商

　　2. 跨境 B2B、跨境 B2C、跨境 C2C

　　3. SKU

　　4. GMV

二、选择题

　　1.（单选）阿里巴巴国际站是一个什么类型的跨境平台？（　　　）

　　A. B2B　　　　　　B. B2C　　　　　C. C2C

　　2.（单选）Shoppe 是一个什么类型的跨境平台？（　　　）

　　A. B2B　　　　　　B. B2C　　　　　C. C2C

3.（单选）截至 2021 年底，中国跨境电商交易规模是什么量级？（　　　）

A. 1400 亿元　　　　B. 1.4 万亿元　　C. 14 万亿元　　D. 142 万亿元

4.（多选）从国内发货具有以下哪些弊端？（　　　）

A. 配送慢　　　　　B. 难追踪　　　　C. 清关慢

D. 易破损　　　　　E. 难退换

5.（多选）以下哪些是主流的跨境电商平台？（　　　）

A. AliExpress　　　　B. LinkedIn　　　　C. Wish

D. eBay　　　　　　E. WeChat　　　　F. Amazon

三、填空题

1. 海外仓的核心优势是_____和_____。

2. 海外仓的主要劣势是_____和_____。

3. 跨境电商的主要推广平台中，有以_____为代表的社交媒体，有以_____为代表的搜索引擎。

四、简答题

1. 请简述跨境电子商务的概念。

2. 中国的跨境电商卖家主要以什么样的形式进行发货？

3. 全球消费的升级带动服务质量的升级，目前常用的集中提升服务质量的方式有哪些？

第2章

主流跨境电商平台的特点以及开店流程

2.1 速卖通

2.1.1 速卖通简介

近些年急速增长的跨境电商仍有巨大潜力。阿里巴巴全球速卖通（简称速卖通）作为阿里巴巴出海的"三把尖刀"之一，在 2010 年就诞生了，经过十几年的国际市场深耕运营和基础能力的不断升级，慢慢成了海外消费者眼中不可多得的可以快速获取"中国质造"的平台之一，特别是俄罗斯、美国、欧洲和拉丁美洲的消费者，对速卖通的认可度是非常高的，主要是速卖通拥有极高的性价比和大量本地市场缺失的长尾产品。值得一提的是，2022 年速卖通重点开发了韩国市场，韩国消费者对速卖通的热情高涨，特别是针对时尚类的产品，韩国消费者非常中意中国极具性价比的"韩流"服饰。

跨境电商经过了这么多年的变革，消费也在逐渐升级。比如，用户的需求趋于多元化，国外消费者对于中国产品的喜好原因从之前的便宜升级到了品质、品牌和奇特有趣等高度（图 2-1），这其实给了很多中国品牌巨大的机会，越来越来的消费者开始认识中国的天猫品牌、淘宝品牌和跨境自主品牌，这也是未来中国卖家的机会，如果一味地追求便宜，很可能会损失高品质的消费者。

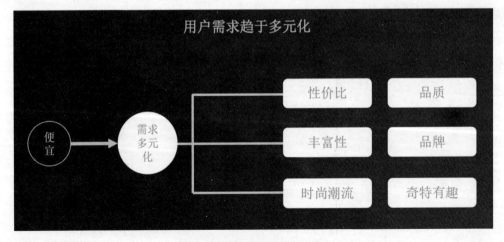

图 2-1 用户需求趋于多元化

如今，速卖通平台已经成长为中国最大的出口 B2C 电商平台。截至 2022 年底，速卖通历经多年时间，完成了一项项飞跃。

（1）平台覆盖全球 200 多个国家和地区，主要交易市场涵盖俄罗斯、美国、西班牙、法国、乌克兰等国。

（2）支持多达 18 种语言，为海外国家的本地化服务扫清语言障碍。

（3）海外买家数量已经突破 1.5 亿名。

（4）多达 22 个产品行业囊括了日常的消费类目，品类丰富。

（5）速卖通手机端（AliExpress App）的海外装机量已经超过 6 亿部，入围全球应用榜单 Top 10，Alexa 全球排名 Top 20。随着跨境电子商务行业的蓬勃发展和速卖通平台机制的不断完善，这些数字仍在不断攀升。

2.1.2　速卖通开店

1. 资料准备

在速卖通平台开设店铺需要三个条件。

（1）需要企业资质。个体工商户或者公司皆可，一个企业最多可申请开通六个速卖通店铺。

（2）需要商标。自有商标和授权商标都行。授权商标需要提供商标权人出具的授权书。如果是新注册的自有商标，还需要在速卖通后台进行商标备案操作才可以进行后续的品牌授权。商标可以是 TM 标或 R 标。我们向商标局提出商标申请，受理之后我们便会收到商标局开据的受理回执，即《商标注册申请受理通知书》，此时该商标进入受理阶段，已经可供速卖通开店使用，此时的商标就是 TM（Trademark）标。商标局经过审核并且公示，公示期满无异议以后，便会下发商标注册证，此时该商标就正式注册成功，即我们说的 R（Registration）标。如果想用自有商标但是又还未注册，我们也可以前往阿里巴巴集团的知识产权服务市场进行商标注册。

（3）需要缴纳年费。根据对应经营类目决定费用。目前大多数类目的年费是 1 万元人民币。

满足以上条件后，我们再准备一个邮箱和一个企业法人的支付宝账号就可以在速卖通开设店铺了。

关于邮箱和支付宝注册的注意事项有以下两点。

（1）注册邮箱可以是国际或者国内的主流邮箱。建议用新邮箱或者未曾使用过的邮箱，以方便管理和维护。

（2）请用企业法人的身份信息申请支付宝，后续店铺开通需要支付宝实名认证。登录支付宝官网，单击"立刻注册"按钮，跳转到注册界面以后，账户类型请选择企业账户，如图 2-2 所示。然后根据提示完成企业支付宝的注册。

图 2-2　支付宝注册页面

2. 开通流程

三个条件准备就绪后，我们就可以进行速卖通入驻操作了。开通流程一共分四个步骤，即图 2-3 中的前四项。

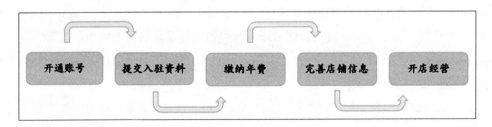

图 2-3　速卖通注册流程

1）开通账号

目前速卖通后台的开发优先兼容的是谷歌浏览器，所以注册流程建议大家全程在谷歌浏览器上完成，以后的店铺运营工作也建议在谷歌浏览器上进行。登录速卖通卖家中心，开始注册。按照速卖通平台指引即可注册速卖通账号，如图 2-4 所示。注册过程中需要验证手机，如图 2-5 所示。

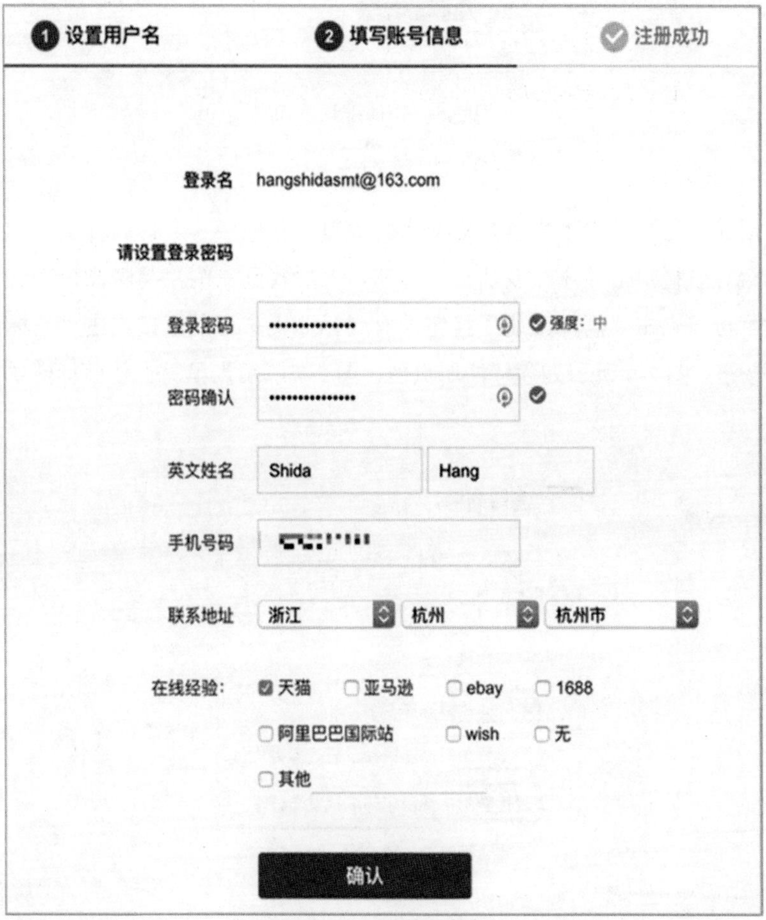

图 2-4　填写账号信息

图 2-5　验证手机页面

2）提交入驻资料

账号注册完毕之后，接下来就是提交入驻资料，我们接着上传商标资质和类目资料。在速卖通后台导航栏单击"账号及认证"按钮，然后找到左侧"品牌商标"这个分类。没有商标的卖家可以点击"商标注册"按钮，有商标的卖家可以直接点击"商标添加和商标资质申请"按钮。图 2-6 所示为商标注册页面，图 2-7 所示为填写上传商标资质申请材料页面。

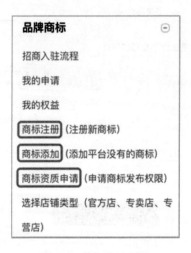

图 2-6　商标注册页面

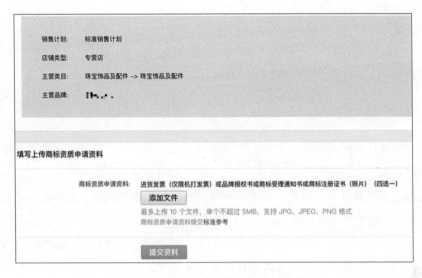

图 2-7　填写上传商标资质申请材料页面

3）缴纳年费

资料通过审核之后，在后台单击导航栏"账号及认证"按钮，单击"我的申请"按钮，之后右侧会显示已经审核通过等待缴费的类目，单击右侧"去缴费"按钮，如图 2-8 所示。

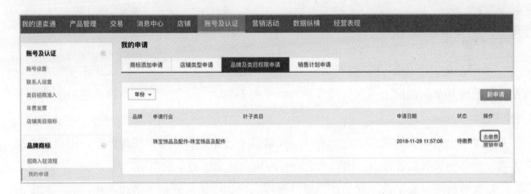

图 2-8　我的申请页面

4）完善店铺信息

①店铺资产管理设置

速卖通收到年费款项以后，店铺就拥有相关品牌的产品上传权限以及后台功能的操作权限了。进入卖家后台，找到导航栏"店铺"下面的"店铺资产管理"，可以变更店铺类型和注册二级域名。

②店铺资金管理设置

通过路径"交易—资金账户管理",我们可以定位到资金管理窗口。速卖通目前的收款账户有两个——支付宝国际账户和速卖通账户。店铺的经营所得可以从这两个账户中提取出来。

支付宝国际账户俗称国际支付宝,卖家可以在支付宝国际账户设置美元提现账户、美元结汇账户和人民币提现账户。

平台为了解决业务发展需要,会不时新增一些支付渠道,部分渠道资金就会直接结算到速卖通账户,该账户同支付宝国际账户功能基本一致,都方便了卖家资金的管理和提现。系统会根据买家支付渠道等信息决定结算到支付宝国际账户还是速卖通账户。

最后,完成以上操作以后我们就正式入驻速卖通了。想要在速卖通平台上传产品和健康成长,我们还需要熟悉平台规则来规避各类风险,同时善于运用规则加快店铺成长。

2.2　亚马逊

2.2.1　亚马逊平台简介

亚马逊成立于 1995 年,是在第一次互联网浪潮中诞生的公司,经过 20 多年的发展,亚马逊已经从最初的网上书店发展成今天的无所不包、"一网打尽"的综合型网上购物平台。

从跨境电商卖家的视角来看,亚马逊凭借其平台体量大、规则相对公平、用户消费能力强、整体利润率高等特点,成为几乎所有跨境电商卖家必争的市场。

和其他跨境电商平台不同的是,亚马逊不同的站点需要分别申请和入驻。对于跨境电商卖家来说,能够入驻的亚马逊站点包括北美站(美国站、加拿大站、墨西哥站)、欧洲站(英国站、德国站、法国站、意大利站、西班牙站等)、日本站、澳洲站和新加坡站,与此同时,印度站和中东站也正在逐步向卖家开放中。

不同的跨境电商平台,其运营特点也不同,就亚马逊平台来说,其典型的特征就是平台为卖家提供了非常完善的 FBA 仓储物流体系,以及在平台"重产品,轻店铺"理念下卖家所应具备的"精品化选品，精细化运营"的经营策略。

到了 2022 年，亚马逊的电商体量已经达到了全球第一，亚马逊已经有 18 个海外站点，400 多个全球运营中心，2 亿多个 Prime 会员。

 ## 2.2.2　在亚马逊平台开店

1. 开店前的准备

如果要在亚马逊平台开店，首先需要登录亚马逊全球开店的官网，注册亚马逊账号。因此，卖家需要确认自己的产品适合在哪些国家销售，选择需要开店的国家。亚马逊已经开放了 18 个海外站点，卖家可以根据自己的需求来选择适合的国家。卖家需要确定产品的主要销售对象是谁、销售的产品及供应链资源优势是什么，以及产品是否符合站点的特性。还有产品是否符合当地合规可售卖产品的要求，如图 2-9 所示。

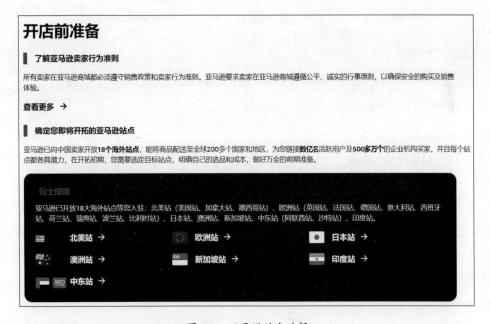

图 2-9　亚马逊站点选择

2. 开店的成本

店铺注册好之后需要评估一下开店的成本。亚马逊的专业店铺需要每个月 39.99 美元的月租费，在不同的国家站会有不同的佣金，基本销售佣金为 8%～15%。另外，亚马逊会根据物流的距离和货品的体积来计算对应的物流费用。图 2-10 中展示了亚马逊开店的费用。

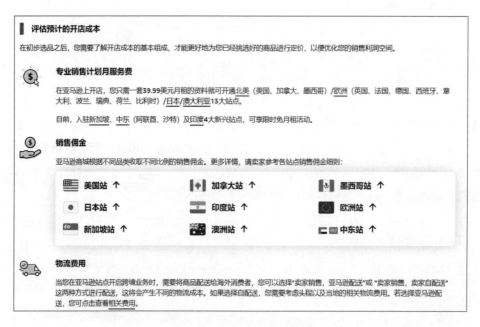

图 2-10　亚马逊开店的费用

除了以上的成本，亚马逊在销售的时候还要注意以下可能产生的成本。

1）广告推广费用

亚马逊的卖家竞争比较激烈，前期如果想要在竞争中脱颖而出，不可避免地需要在亚马逊广告上进行投入，亚马逊的广告可以帮助卖家精准锁定目标人群，亚马逊的广告主要是按照点击付费、关键词竞价的模式，卖家可以根据自己需求选择对产品的关键词进行投放和竞标。

2）专属客户经理服务

为了更好地服务卖家，亚马逊有专属的 1 对 1 客户经理的付费服务，可以帮助新手卖家快速在亚马逊成长，并且避免卖家在经营中出现违规的情况。服务的内容包含了运营基础，如产品详情页优化、亚马逊配送的设置流程以及推广成本的降低等。

3）退款手续费

如果消费者发起合理的退款申请，那么亚马逊会退回相应的佣金，与此同时，退款会有退款手续费，这个手续费的金额是 5 美元和佣金的 20%中金额较小的那个。

4）清单费

亚马逊核心的销售方式是，卖家把产品发到亚马逊在当地的仓库，通过亚马逊配送。但不可避免的是会有滞销的产品。亚马逊会严格控制 12 个月没有销售的产品，如果产品在 12 个月内没有动销，那么亚马逊会针对这个产品收取每个月 0.5 美元的长期储存费。这笔金额看似不高，但是如果有大量的库存在亚马逊仓库，那么这笔费用将会非常庞大，所以卖家要控制好自己产品的动销。

2. 亚马逊账号的类型

1）账号类型对比

对于所有跨境电商卖家来说，要想入驻亚马逊平台，准备资料然后注册账号是必做的第一步。但是在注册账号之前，我们有必要对亚马逊账号的注册方式和区别做简单的对比。

亚马逊的卖家账号，根据注册方式的不同，大概分为三种：自注册账号、公司全球开店账号和本土账号。

自注册账号是以个人身份或公司身份在亚马逊平台上注册的卖家账号。当前可以通过自注册方式注册的站点包括美国、加拿大、墨西哥和日本等四个站点。自注册账号的注册流程简单，所需资料也较少，在注册过程中，只需要根据系统要求提供个人身份证和个人的双币信用卡信息（卡面带有 VISA 或 MasterCard 标识的信用卡）即可。

公司全球开店账号是亚马逊中国招商团队针对中国卖家群体推出的。卖家需要以有法人资格的中国内地公司、中国香港公司或者新加坡公司的身份申请和注册，注册过程中，有亚马逊中国团队的招商经理对接指导，协助完成账号注册申请和账号的基本操作指导。注册全球开店账号所必需的资料包括注册所用公司的营业执照、法人的双币信用卡、护照（注册亚马逊欧洲站账号时需要提供）、地址账单、对公银行账号的对账单（注册亚马逊欧洲站账号时需要提供）等。

本土账号是指以亚马逊不同站点所在地的公司或个人资料来注册的账号，注册时需要提供站点所在地的公司营业执照信息、个人信息、本地的税号，以及支持美元币种的信用卡等。

2）账号的级别

虽然账号注册的方式不同，但一个账号注册完成后，所有的卖家账号只分为两个级别：个人卖家和专业卖家。

个人（Individual）卖家账号在实际运营中没有批量操作的功能，不能下载订单数据报表，不能使用站内的各项促销工具，所发布的产品没有黄金购物车（Buy Box），也不能使用亚马逊的 FBA 仓储物流服务。虽然平台不会收取个人卖家的店铺月租，但个人卖家每发布一条产品，亚马逊会收取 0.99 美元的产品刊登费。

专业（Professional）卖家账号在实际运营中拥有更多的操作权限，比如可以对店铺的产品和订单进行批量操作，可以批量下载订单数据报表、首付款明细报表、店铺流量数据报表等可以更好地协助运营的各种报表。同时，对于专业卖家级别的账号，平台还提供了站内广告、促销、秒杀、优惠券、图文描述页等有利于做好营销的各种工具。另外，专业卖家店铺里的产品可以凭借自己的表现，获得系统分配的黄金购物车，这样更有利于消费者下单购买。

虽然级别有区分，但个人卖家和专业卖家是可以自行切换的。个人卖家可以升级为专业卖家，而专业卖家也可以随时降级为个人卖家，一个账号从个人卖家升级为专业卖家，平台会开始每月扣取 39.99 美元的店铺月租，而店铺也同时具备了专业卖家所对应的权限。当一个专业卖家账号降级为个人卖家后，系统将不再扣取店铺月租，而相应的权限也会被降级。

从实际运营经验来看，专业卖家降级为个人卖家操作简单，可以根据需要随时调整，即时生效，而如果卖家想把账号从个人卖家升级为专业卖家，系统则可能会要求卖家重新提交相关资料，进行再次审核，而如果资料不完整导致账号审核没有通过，其销售权限则无法升级。所以，除非确实不打算再运营，否则不建议卖家随意降低自己的店铺级别。

2.2.3　亚马逊账号注册流程

1. 个人注册流程

打算以个人身份注册账号的卖家，可以直接打开亚马逊网站首页，在页面的底部单击 Sell on Amazon（在亚马逊上销售）按钮，如图 2-11 所示。

图 2-11　亚马逊首页底部

进入下一个页面，然后单击 Start selling（开始销售）按钮，开始账号注册即可，如图 2-12 所示。

图 2-12　注册账号按钮

在账号注册的过程中，卖家需要自行记录好邮箱地址、电话、密码、地址信息等，以免信息遗漏而造成不必要的麻烦。

另外，由于亚马逊平台禁止同一卖家拥有多个账号，在系统的核查中，单一主体（个人或公司）只能注册一个亚马逊账号，单一电脑和网络 IP 地址也只能对应一个亚马逊账号，所以，卖家在注册过程中一定要确保使用独立的注册资料、独立的电脑和网络，以免被系统识别到多个账号关联而导致注册失败。

2. 公司注册流程

拥有国内公司的卖家，可以直接联系亚马逊招商经理，扫描招商经理提供的预注册二维码，进行卖家基本资料登记，招商经理会在初步核实之后，向符合条件的卖家发放注册链接，在收到注册链接后，卖家按照注册链接中的要求填写相应的资料即可。

公司全球开店账号和自注册账号一样，防止关联是必要的，卖家无论是在注册过程中，还是在运营过程中，都要确保采用独立电脑和网络来操作不同的账号。

3. 欧洲站运营注意事项

在亚马逊的各个站点里，美国站凭借最大的市场体量和最低的进入门槛，吸引了最多的卖家入驻，其体量最大，但竞争也最为激烈。相对美国站来说，欧洲站以市场体量较大、卖家数量较少而充满吸引力。但有机遇就有挑战，对于亚马逊卖家来说，运营欧洲站最大的挑战来自政策层面。

和亚马逊北美站及日本站不同，对于想要在欧洲站注册和运营的卖家来说，必须解决的两个问题，就是账号注册过程中的 KYC 审核问题，以及运营过程中所不得不面对的 VAT 税务问题。

2.3　Lazada 和 Shopee

近几年，在跨境电商领域，有一个区域的增长非常迅速而且潜力巨大，那就是东南亚。相比于成熟的北美市场和欧洲市场，东南亚的消费者更加年轻，更加容易"冲动消费"，同时，东南亚的消费者也非常依赖于社交网络，这使得东南亚的消费者越来越认可跨境电商。

接下来介绍的两个平台就是东南亚的头部跨境电商平台——SEA 旗下的 Shopee 平台和阿里巴巴集团旗下的 Lazada 平台。

2.3.1　Shopee 简介

　　Shopee 跨境电商平台，覆盖新加坡、马来西亚、菲律宾、泰国、越南、巴西、墨西哥、哥伦比亚、智利、波兰等十余个市场，并在中国深圳、上海和香港设立跨境业务办公室。2021 年 Shopee 总订单量达 6 亿单，同比增长 116.5%。Shopee 是爆发于东南亚的跨境电商平台，在扎根东南亚的同时，也把业务扩张到了拉丁美洲和欧洲，如图 2-13 所示。除业绩高速增长外，Shopee 也是一个具有"领航级"影响力的电商平台。在东南亚市场，Shopee App 稳居购物类 App 榜单前三名，深受当地消费者喜爱。

图 2-13　Shopee 覆盖的地区

2.3.2　Shopee 开店流程

1. 开店

　　首次入驻 Shopee，只能选择开通一个站点，目前可以选择作为首站的有中国台湾站、

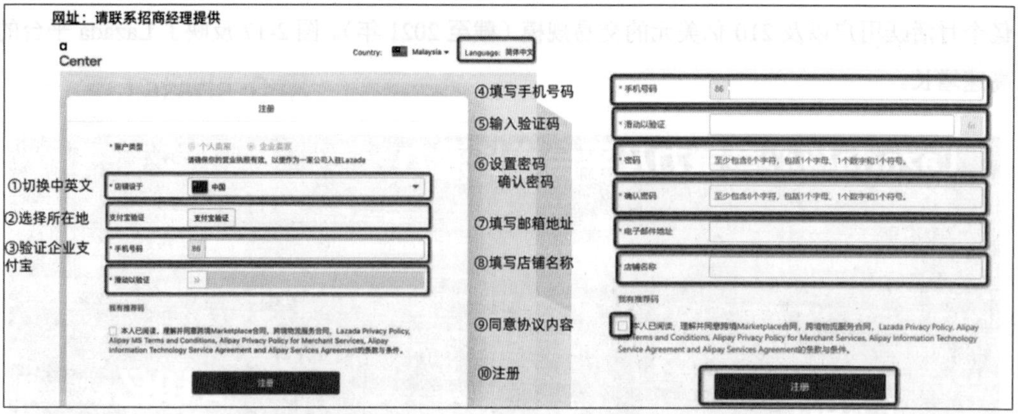

图 2-18　Lazada 注册账号填写信息页面

　　注册完卖家资料之后，需要继续补充资料，包含发货信息和公司地址信息等，Lazada
后台有非常详细的引导和介绍，这里就不赘述了。

本章习题

一、名词解释

1. 动销率

2. FBA

二、选择题

1.（多选）下面哪些国家是速卖通可以销售的国家？（　　　）

A. 俄罗斯　　　　　　B. 中国　　　　　C. 法国　　　　　D. 英国

2.（多选）下面哪些国家是 Lazada 可以销售的国家？（　　　）

A. 印度尼西亚　　　　　　　　　B. 新加坡

C. 马来西亚　　　　　　　　　　D. 越南

三、填空题

1. 在亚马逊开通欧洲站运营需要的比较严格的审核叫作_____。
2. Lazada 是在_____年的时候被阿里巴巴收购的。

四、简答题

1. 速卖通开店需要哪些硬性条件？
2. 阿里巴巴收购 Lazada 以后，做了哪几方面的升级？

第3章

跨境电商基础营销
手段和渠道

新创业者要想做好跨境电商，除了选择优势的产品供应链，最重要的是营销手段和营销渠道的选择。正确地选择营销手段和营销渠道意味着创业可以事半功倍。有效的营销手段和渠道在很大程度上决定着一个创业者最终能不能创业成功。那主流的跨境电商营销手段和渠道有哪些呢？

3.1　平台站内推广和站外引流推广

从事跨境电商创业，最主流的选择是入驻跨境电商平台，比如亚马逊、Wish、速卖通、eBay 等，我们最熟悉的营销手段就是平台站内营销模式。

3.1.1　亚马逊的平台引流模式

首先介绍的是跨境电商平台亚马逊的站内广告模式。亚马逊的站内广告付费模式包括付费产品广告（Sponsored Products Ads，SPA）、头条搜索广告（Headline Search Ads，HSA）、产品展示广告（Product Display Ads，PDA）等。

SPA 是亚马逊最常规的广告付费模式，在亚马逊平台只有拥有黄金购物车的产品才可以创建 SPA，且手机端和 PC 端是同步的。这种广告模式基于产品关键词竞价排名，按点击次数进行付费。SPA 在搜索页面的展示如图 3-1 所示。

SPA 出现的位置还包括详情页底部、购物车下方、产品详情页、Customer Question&Answers（用户问答）上方等。

HSA 是基于亚马逊的搜索算法，优先于其他搜索结果显示产品的高曝光展示方式。很多跨境电商品牌商选择这样的推广方式，通过亚马逊的 HSA 模式，可以让流量引入两类页面中。一类是亚马逊品牌页面，通常这个页面引流效果较好。一类是产品详情页，是通过搜索后呈现的页面。图 3-2 所示为通过 HSA 展示的品牌页面。

图 3-1 SPA 在搜索页面的展示

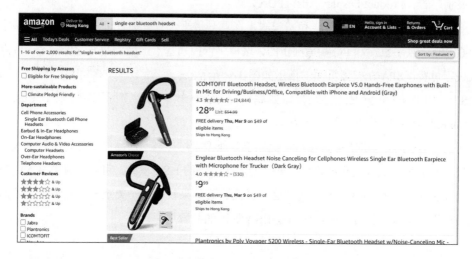

图 3-2 通过 HSA 展示的品牌页面

PDA 仅提供给 VC（Amazon Vendor Central，亚马逊供应商中心）卖家和 VE（Amazon Vendor Express，亚马逊供应商快递）卖家使用，比付费产品广告和标题搜索广告拥有更多展示区域，广告可以出现在产品详情页侧面和底部、用户评论页等。PDA 的优势在于其为基于产品和用户兴趣投放的广告，而不是基于产品关键词的广告。

3.1.2　阿里巴巴国际站和速卖通的站内广告付费模式

阿里巴巴国际站也是主流的跨境电商平台之一，目前是受众面最广的 B2B 平台。阿里巴巴国际站目前主要有两个流量模式，即付费流量和免费流量。付费流量模式是阿里巴巴国际站的主要引流模式，目前约占阿里巴巴国际站 90%的流量。付费流量又分搜索流量和场景流量。搜索流量主要来自"顶展"（页面顶部展位）、P4P 直通车、"橱窗"、"问鼎"等。场景流量分别来自"猜你喜欢""同行推荐""明星展播"等。图 3-3 所示为阿里巴巴国际站顶展广告位。

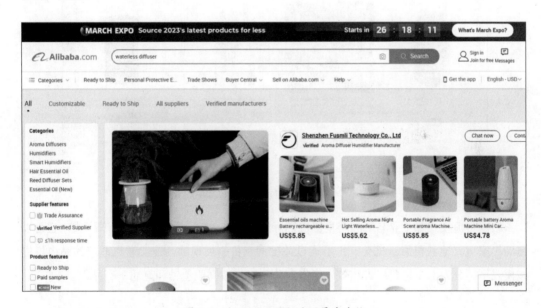

图 3-3　阿里巴巴国际站顶展广告位

除了这些广告模式，国际站还有一些定制的广告，比如新手包、国家包、行业包、大 B 包、品牌包、RFQ 加油包等。P4P 是阿里巴巴国际站最重要的点击付费推广模式之一。P4P 广告在产品展示页的右下角有"Ad"的字样。用户在阿里巴巴国际站购买产品的流程为：搜索目标关键词—浏览搜索结果页面—点击兴趣产品浏览。因此产品想要获得较多的点击，则需要在搜索结果页面拥有较靠前的位置。直通车的竞价排名机制可以让产品在搜索结果展示页排在靠前的位置。图 3-4 所示为阿里巴巴国际站 P4P 直通车广告。

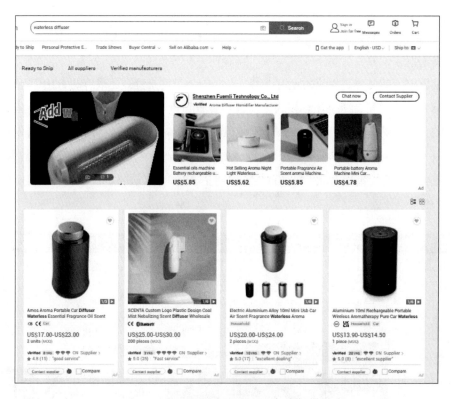

图 3-4 阿里巴巴国际站 P4P 直通车广告

站内引流模式除了亚马逊和阿里巴巴国际站，还有 Wish 的 PB 竞价推广形式，它可以帮助卖家更好地获得展示机会，也是通过关键词竞价去展现的。速卖通直通车的站内广告按模式不同分为点击付费广告和效果广告，分别对应着联盟营销和直通车产品。

3.1.3 跨境电商的站外广告推广模式

随着站内广告竞争越来越激烈，站外广告模式成了新的趋势。跨境电商站外广告的模式，有搜索引擎推广、SEO 推广、内容营销、电子邮件营销、跨境电商独立站营销、海外社交媒体营销、海外口碑营销、网红营销、线下营销、联盟营销、在线广告营销、社区营销等。我们介绍几种主流的站外广告模式。

1. 搜索引擎推广和 SEO 推广

海外市场营销推广最主要的模式之一就是搜索引擎推广，例如 Google 推广。在美国和欧洲大概有超过 62%的消费者在互联网上选择产品和服务时会首先通过 Google 等搜索引擎筛选信息。搜索引擎推广具有主动性、自主性和成本可控等优势。对用户而言，搜索引擎广告是基于用户需要的产品、服务主动展示出来的广告。这也意味着销售结果的直接性和高效性。对广告主而言，可以根据目标市场的地理特点，将广告定向投放在不同的国家、地区和群体中，直接触达目标市场的精准用户。广告主也可以根据自己的营销模式，选择推广的对象，例如独立站、某个产品、某项服务，以文字、图片和视频等模式，展示给定向搜索关键词的用户。

而 SEO（Search Engine Optimization，搜索引擎优化）推广就是在 Google 上通过引擎优化的方式让自己的产品关键词排名靠前，让更多的消费者搜索到。通过 SEO 推广可以使网站更容易让消费者访问，且使用者无须为搜索引擎的排名付费，即可获取免费的网站访问流量。用户根据自己的需求进行 Google 搜索后，对应产品的广告会展现在用户面前，那么如何使用户被你的广告页所吸引，而不去选择其他广告进行点击呢？最关键的吸引点莫过于你的主图，所以一个好的、精致的产品主图，会使广告推广事半功倍，这也是 SEO 推广优化的关键一步。接下来就是如何使用户留在广告页，从而触发下单成交。基于手机的高频使用，提高用户的手机端使用体验，会大大提高用户的页面留存率。广告页的登录结构布局、色彩使用尽量简洁明了，使用户阅读体验更畅快。不同区域的用户在搜索后，经 SEO 优化的页面会推送更具有本地相关性的信息，这样会增加用户的兴趣和亲切感。

2. 内容营销模式和电子邮件营销

跨境电商内容营销模式就是通过文章、短视频、图片、案例、电子书、访谈、白皮书等，吸引特定的海外用户，同时通过输出内容，形成公司的海外市场品牌影响力，产生用户需求，提供目标用户需要的售前和售后信息，同时支持 SEO 和社交媒体的营销计划，最终实现营销目的。

电子邮件营销其实也是内容营销的一部分，是一种非常传统的海外营销模式。很多传统外贸人都选择电子邮件营销模式，通过给固定用户群体发送产品信息邮件，跟用户有效沟通，挖掘用户需求，最终产生定单。电子邮件营销的运营成本低，发送 100 万份邮件的成本大约为 1 万元人民币，如果有 5%的网站引流转化率，那么就有 5 万人的流量引入，如果平台有 10%的销售转化率，那么就可以成交 5000 单。邮件营销的内容也可以根据目标用户的分类、属性不同而产生差异，使触达终端消费者的广告更加精准。电子邮件营销还有很多附加功能，例如电子问卷调查，帮助卖家更高效地了解用户需求。但要注意发邮件的频率不可过高，否则会引起用户的反感。发邮件的时间要选择各地区终端用户的上网高峰时间段，使邮件被阅读的可能性提高。邮件的内容一定要精简，在内容的前两行一定要切入主题。颜色的选择可以更加有活力，文案内容一定要精细打磨，目的是在最短的时间内吸引用户眼球。

3. 独立站营销模式

近年来，独立站跨境电商模式非常火爆。独立站在支付端的服务费用较低，更适合品牌化建设，数据自控性也是最强的。对于美国本土企业，做电商的主流模式就是独立站和 Google 推广。对于卖家来说，现在创建一个独立站是非常方便的，比如可以选择 Shopify，其建站成本低，效率高。未来的独立站以销售专业垂直类产品为宜，要在一个特定的细分品类中深耕细作，做精品的专业店铺，这样才有可能做出销售业绩。

"七分选品，三分运营"，独立站的选品也非常关键。卖家可以选择符合自己供应链特点的产品，同时结合目标用户的购物习惯、文化特征，以及搜索量等诸多因素，不断优化选品。

4. 社交媒体营销广告

海外社交媒体广告在跨境电商中越来越重要，甚至有着举足轻重的意义。随着智能手机的普及，年轻人消费需求更加旺盛，越来越多的海外消费者开始通过社交媒体对感兴趣的产品进行对比研究，最终购买最心仪和最适合自己的产品。

目前投放营销广告的主要社交媒体包括 Facebook、Twitter、LinkedIn、Instagram、YouTube、Snapchat 和 Pinterest 等。通过社交媒体营销，我们可以发布公司产品和动态，跟消费者产生零距离互动，推广自己的品牌，最终实现产品的海外销售。图 3-5 所示为某油画品牌独立站在手机端 Instagram 上的广告页，页面中直接嵌入了产品店铺的入口链接。

　　点击"查看店铺"按钮后可以直接看到品牌店铺在 Instagram 中的展示，如果想进一步了解产品的信息，可以直接点击"在网站上查看"按钮，这就是一条非常好的站外引流路径，将 Instagram 上的流量成功引至独立站中，向用户展示品牌文化和产品细节，引导用户下单购买。图 3-6 所示为用户进入独立站后对产品进行下单购买的页面。

图 3-5　某油画品牌在 Instagram 上的广告页

图 3-6　某品牌独立站用户下单页面

5. 跨境电商的海外口碑营销

　　移动互联网时代，海外口碑营销模式也是非常重要的广告模式之一。好的品质及用户体验可以让产品口碑通过社交媒体有效传播，提高销售额，推动海外品牌的建立。在社交媒体大行其道的今天，好的产品口碑会随着产品销售信息的不断扩散而被持续放大，吸引越来越多的用户购买。反之，如果产品品质和用户体验感很差，就会产生负面连锁反应，例如跨境卖家都非常重视用户的评价，往往一个差评就会使该产品背后运营过程中付出的努力都付之东流，其他用户看到负面评价就会放弃甚至抵制该产品和品牌。

6. 跨境电商海外网红营销

目前在跨境电商行业中，网红的行为已经成为海外消费者决定或者放弃购买某些产品的风向标。海外网红营销可以让本地消费者快速地了解、熟悉、认可你的产品和服务，是快速提升品牌知名度和影响力的有效手段。

但我们在选择海外网红营销时要注意，粉丝量不是评价网红是否适合品牌及产品的唯一标准，要综合考察粉丝的活跃度、参与度、评论等。在选择适合产品的网红时，可与一些多频道网络公司（Multi-Channel Network，MCN）机构合作，综合考虑网红的风格是否与品牌、产品的文化理念相符，"人设"是否贴合产品的文化属性、费用是否在推广预算范围内等诸多因素。

7. 跨境电商海外线下营销

无论跨境电商如何发展，海外线下营销模式一定是同步发展的。传统的线下模式对于外贸企业的价值依然是举足轻重的，比如最主流的线下展会模式。除了传统的线下展会模式，还有线下的商业交流活动、沙龙，以及杂志、平面广告、邮件、传单、小册子、电视台、电台等营销渠道。

8. 跨境电商联盟营销模式

所谓跨境电商的联盟营销模式，就是通过跟海外特定的服务机构合作，扩大产品市场范围，提升品牌声誉。比如和海外的合作商、用户联合办活动，联合创建品牌内容等。

总体而言，联盟营销涉及三个主要角色：跨境电商卖家（广告主）、联盟合作平台、用户（联盟平台的会员）。想要做好联盟营销需要注意以下两点。

（1）好的联盟营销平台会给我们的推广带来事半功倍的效果。广告主一般会选择知名的联盟平台进行合作，例如 CJ、ClickBank、Rakuten LinkShare 等平台都拥有大量的优质广告商，因品牌效应而被吸引的用户也会为广告主的品牌带来可观的流量。

（2）联盟平台的会员以赚取佣金为主要目的。因此广告主在进行联盟推广时要注意三点：首先要与联盟会员沟通，使其信任你的品牌和企业，可以放心地为你的品牌进行推广；

其次，在成交价格方面，产品的定价不宜太高，可以利用竞品定价策略，否则联盟会员会认为你的产品很难成交；最后就是佣金方面，广告主可以核算成本与利润，结合竞争对手给出的佣金比例，最后给出的佣金比例尽量高出竞争对手，提高自己的优势。

9. 跨境电商的海外社区本土化营销

在美国和欧洲市场，口碑营销及社区本土化营销是非常有效的。该方式类似于中国社区熟人营销策略，通过社区特定的社交圈及人脉，使品牌和产品与消费者之间产生良好的沟通。通过社区营销可以提升海外消费者的忠诚度和品牌的真实性，同时可以收集到用户最真实的反馈，也可以通过积累用户使用感受及口碑评价，最终提升品牌海外营销的效率和效果。但社区本土化营销需要卖家发起和长期运营，卖家最好具备较为丰富的跨境电商资源，以保证长期运营需要的人力、物力、财力等。

10. 跨境电商产品测评营销

目前推广产品，尤其是新产品快速打入市场、提高销量，最佳的方式之一就是让使用者为产品现身说法打广告。当消费者看到很多该产品的正面评价，包括购物后的产品评论、好物分享视频、开箱视频时，他们也许就更有可能被"种草"，从而下单购买。卖家可以尝试将产品免费赠送给一些用户，引导用户分享产品使用心得，给予店铺产品好评，同时附上产品图片或者视频。这样既可以促使其他有意向购买的用户下单，也可以帮助产品提高在平台的排名以及曝光率。

11. 跨境电商节日营销

跨境电商营销模式中节日营销非常关键，在本书的第 6 章也会向读者进行详细描述。在每年的"黑五"大促，以及圣诞节大促等营销节点，很多跨境电商卖家的销售情况很大程度上可以决定公司一年的利润。有丰富运营经验的跨境电商卖家，会对节日营销有着一整套完整而系统的打法，比如选品、测评、店铺装修、营销方案、海外仓备货、物流准备、售后服务等，这些方面都需要在大促来临之前做好充足的准备。从以往的经验来看，有一些新卖家由于经验不足，大促前准备工作不够充分，大促当天手忙脚乱，出现客服回应不及时、发货延迟、缺货、丢件等，导致产品得到差评。这对店铺运营来说，无疑是致命的

服务包括 TikTok 卖家运营培训、海外布控、TikTok 企业账号代运营、TikTok Ads（字节跳动旗下面向海外市场的广告服务品牌）短视频制作、TikTok 网红孵化输出。如何选择好的服务商门道也非常多，一般是选择行业口碑好、累积经验多、经典案例多的服务商，还有一个方式是选择平台官方认证的服务商，这些服务商的专业度和售后服务都更有保障。

3.3　如何寻找海外的网红达人营销

在国外有很多网红，他们一般是大学生、短视频爱好者或者兼职者。寻找这类网红合作其实不需要太多的投入，甚至有时候可以仅仅赠送一些样品，他们愿意分享一些产品的短视频，类似于开箱视频、好物分享、产品测评等。一般来说与网红合作营销的流程包括下面的几个环节。

（1）通过海外平台寻找适合的网红。

（2）在电商平台店铺和独立站开辟网红引流促销的特别渠道，如专属优惠券、打折等。

（3）网红发布产品创意视频，吸引粉丝进入电商平台店铺、独立站等。

这种营销方式同国内通过抖音短视频引流到电商平台以及直播带货的模式类似。

TikTok 短视频营销非常重要的一个方面就是寻找到适合自己品牌文化的网红，这样不仅经济投入合理，可以建立长期的合作关系，也不会因为网红"翻车"而影响品牌美誉度。选择合适的网红的注意事项一般来说包括以下几点。

1. 网红的粉丝画像

这是我们选择网红的第一标准，比如其粉丝的年龄、性别比例、活跃时间段、消费能力、消费偏好等，这可以通过一些专业的数据工具测试出来。通过这样的数据分析，我们就能判断出网红的粉丝画像跟自己的品牌是否匹配。

2. 粉丝互动率

互动率是我们考察有效粉丝的关键指标，跟国内抖音的粉丝价值逻辑类似，TikTok 也有很多"僵尸粉"，"僵尸粉"对平台流量的转化是没有价值的。TikTok 上粉丝互动率数据包括浏览量、观看时长、点赞数、转发量、下载量、评论数等。

3. 网红的内容风格

网红的内容风格直接决定是不是适合品牌和产品的文化属性。TikTok 用户中年轻人居多，一般来说每个网红都有自己的视频风格，比如说搞笑风格、文艺风格、时事风格，不同风格吸引不同的用户，而这些用户就是潜在的未来消费者。我们可以基于网红的内容风格，判断其粉丝群体是不是品牌和产品的主力消费群体，最终决定是否同其合作。

4. 网红的转化率

跨境电商企业的核心目的就是网红将流量转化为销售业绩。建立一套结果考核体系是非常有必要的，比如一场直播活动的在播时长，以及产生的销售总额等，但是一场优秀的活动的价值远不止这些。还可以考察品牌和产品的话题传播率、在线人数、留观率、成交率、品牌认知度等。

3.4　如何在 TikTok 上投放广告

抖音和 TikTok 都是字节跳动旗下的短视频平台，TikTok 也可以理解为国际版抖音。国内越来越多的企业通过抖音进行产品和品牌营销，投入广告的占比也越来越大。TikTok 的营销模式本质上同抖音相似，目前 TikTok 主流的广告模式有下面几种。

1. 开屏广告

所谓的开屏广告，就是打开 App 时，第一时间展示的广告页面。对于开屏广告大家已经非常熟悉了，因为这样的广告模式不仅仅出现在 TikTok 中，我们在手机上能找到的主流 App 基本都有这样的开屏广告。

2. 信息流广告

信息流广告其实大家并不陌生，在刷抖音视频时，我们遇到自己感兴趣的视频，则停留在该页面的时间就会变长。经过几次这样的"私人订制"式的兴趣视频探索后，用户刷到的视频基本上都是围绕着个人喜好来推送的。在沉浸式刷视频的过程中，会遇到商业广告视频，这样的抖音广告模式被称为信息流广告。

3. TikTok 挑战赛和 PK 玩法

这两种玩法是目前 TikTok 平台比较流行的玩法。国内很多品牌企业通过 TikTok 挑战赛和 PK 赛的方式让用户参与进来，同时品牌和网红进行合作，进一步借助网红的粉丝效应将视频热度推到最高点，从而实现品牌知名度最大化、用户转化率最大化。

4. 贴纸特效

这种推广方式需要大量的短视频红人在视频中使用贴纸特效，让用户跟随网红使用该特效，使用户成为内容最有力的传播者。

5. 关于 TikTok 的广告运营建议

品牌企业要在 TikTok 上高效率地投放广告，运营技巧非常关键，这需要一个企业拥有经验丰富的短视频广告运营人才。比如 TikTok 的开屏广告，不仅仅要结合产品的优势亮点、文化特性，还要结合当下的热点话题，在短短的几十秒至一分钟时间内，迅速抓住观看者的眼球，让观看者对视频内容感兴趣，从而点击链接，最终实现品牌或产品的营销推广。这就要求短视频运营人员提高对视频内容的把握度。

TikTok 广告语的策划要有创意，一般来说 TikTok 的产品描述不超过 80 个字母，TikTok 视频、图片和广告的结合要合理，要给观看者良好的视频体验。视频广告应以竖屏广告为主，视频的前 3 秒至关重要，如果前 3 秒内容枯燥乏味，那么观看者很可能直接跳过这条视频广告，其平均播放时长就会很短。

BGM（背景音乐）的选择也非常关键，我们可以选择 TikTok 中流行的，播放量、转发量和模仿量较高的，且符合产品属性的音乐。合适的音乐可以给视频推广带来意想不到的效果。

另外在广告投放过程中还需要注意以下问题。

在账号推广的前期，发布的视频要控制时长，视频过长完播率可能会比较低，影响视频的综合评分。

在选择热门音乐做背景音乐时，要注意版权问题，如果一些音乐未经授权，而后期视频推广又获得了非常大的流量，那么不仅在版权方维权时要把这条视频作品下架，还可能要出现法律纠纷。

发布视频的时间尽量选择适合当地人的时间，例如早上上班以及下班时间，这期间人们一般会刷视频消磨时间，这样短视频的流量也会比较大。

视频的标签并不是越多越好，有的卖家在制作视频时，堆叠了很多话题标签，而这样的做法其实会分散掉精准流量，正确的做法是找到几个精准的话题标签，集中占取流量。

本章习题

一、名词解释

1. 付费产品广告（SPA）
2. 头条搜索广告（HSA）
3. 产品展示广告（PDA）

二、选择题

1.（单选）阿里巴巴国际站目前有两个主流流量模式，包括付费流量和（　　　）。

A. 广告流量　　　　B. 搜索流量　　　　C. 场景流量　　　　D. 免费流量

2.（单选）速卖通直通车站内广告按模式不同分为付费广告和效果广告，其中效果广告对应着（　　　）。

A. 货品营销　　　　B. 库存清仓　　　　C. 直通车产品　　　　D. 联盟营销

3.（多选）TikTok 主流的广告模式有下面几种（　　　）。

A. 开屏广告　　　　B. 信息流广告　　　　C. 抖音挑战赛　　　　D. 贴纸

4.（单选）TikTok 在做短视频运营时，采用热门音乐做 BGM 需要注意什么问题？（　　　）

A. 音乐风格　　　　B. 音乐音量　　　　C. 音乐版权　　　　D. 音乐时长

5.（单选）TikTok 中（　　　）对流量的转化毫无价值。

A. 老年粉　　　　B. 少儿粉　　　　C. 僵尸粉　　　　D. 跳蚤粉

三、填空题

1. 跨境电商内容营销模式就是通过_____、_____、_____、案例、电子书、访谈、白皮书等，吸引特定的海外消费者。

2. _____就是在 Google 上通过引擎优化的方式让自己的产品关键词排名靠前，让更多的消费者搜索到。

3. TikTok 上粉丝互动率数据包括_____、观看视频时长、_____、转发量、下载量、_____等。

四、简答题

1. 亚马逊平台引流模式有哪些？

2. 评价网红带货效果的考核标准有哪些？

第4章

跨境电商平台站内
引流技巧

4.1 站内引流的目的

知其然更要知其所以然。在学习本章内容之前我们先来做一下连环思考。

第一个问题：跨境电商平台的众多卖家为什么要做站内引流？答案很简单，是为了有订单、有销售额、有利润。

第二个问题：卖家怎么样做才能够提升店铺订单量、销售额、利润？从平台的逻辑看，其实是希望产品经过一定周期的"培养"后，产品的核心关键词有理想的自然排名。

第三个问题：怎么样才能让产品的核心关键词有理想的自然排名，通过自然流量就能带来订单？答案就是本章要讨论的内容，概括一下就是："选择合适的产品（正确的培养对象），用站内引流技巧（正确的培养方法）提升产品的自然排名，使店铺的收益最大化"。

以亚马逊平台为例，卖家上传了一件女士上衣，核心关键词是"Women Classic Clothing"，经过一段时间的运营，该产品在服装子类目"Blouses & Button-Down Shirts"下排名第 24 位，如图 4-1 所示。所以对卖家来说，运营产品的本质，其实就是用运营技巧为产品引流，不断提升该产品在平台相关类目下的自然排名。明白了这个思路，学习本章内容就比较容易融会贯通了。

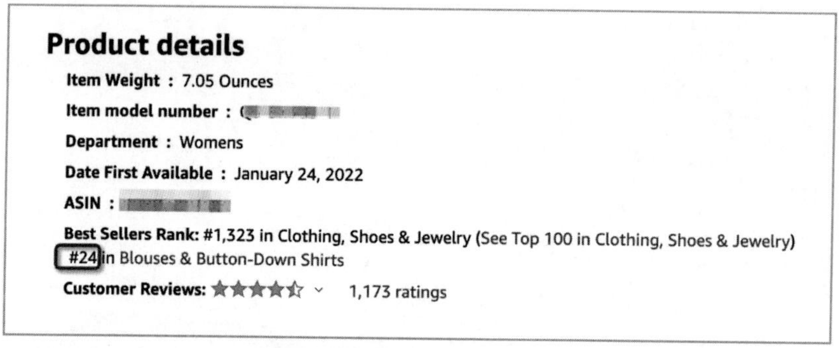

图 4-1 亚马逊关键词排名示例

4.2　跨境电商平台的流量透出机制

上面提到卖家引流本质上是为了提升该产品在相关类目下核心关键词的自然排名。那么，对于影响关键词自然排名的因素，这么多的跨境电商平台是否有共性？答案是有的，影响关键词自然排名的因素，提炼就出来其实就是跨境电商平台的流量透出机制。我们把这套机制叫作流量透出机制的"五提升与二规避"，即利用五个正面因素优化产品，规避两个负面因素避免风险。

4.2.1　使产品排名靠前的五个正面因素

五个正面因素分别是产品信息质量、关键词关联度、产品的交易转化率、卖家服务能力、平台政策。

这五个正面因素能给买家提供最优购物体验，让买家能够快速、精准地定位到自己想要的产品，提升下单概率，提升复购率，提升平台声誉，形成正向循环。

1. 产品信息质量

产品信息质量是一个产品的网络形象，买家看到该产品的形象后会决定是否继续了解。不同的跨境电商平台对于高质量的产品信息需要具备的条件都有非常清晰的规则，我们严格执行即可提升评分。影响产品的信息描述质量的因素主要包含产品标题、类目、图片、属性和详情描述页，这些信息是搜索排序规则的基石，尤其是标题和图片。优秀的产品标题应该包含该产品的所有核心关键词，高质量的产品图文能大大提升搜索引擎的友好度与买家阅览舒适度，为产品赢得更多的展示机会。

以速卖通的产品图片为例，如图 4-2 所示，速卖通鼓励的产品图片尺寸为 800px×800px，这样可以兼顾 PC 端和手机端浏览体验，同时鼓励卖家用白底，以更好地兼容页面设计。所以有条件并且适合做成白底的图片可以这样设计，部分不适合用白底的图片可以用不同的底色，具体问题具体分析。

图 4-2　速卖通产品图片示例

2. 关键词关联度

　　买家用关键词搜索或者被动接受平台产品推送时，所看到的产品必然与买家搜索的关键词或者历史浏览记录高度关联。举个例子，美国的买家想在某平台买一件男士毛衣。如果搜索"Men Sweater"这个关键词，呈现的结果不只有男士毛衣，还夹杂了皮鞋、袜子这类产品，这种情况下搜索关联度就非常低了，会影响买家的购物体验。所以从关联度的角度，搜索引擎需要"解读"买家的搜索关键词，匹配出买家最想要的产品展示在结果页。

　　这给卖家的启示就是，在标题里放尽可能多的关键词固然是一个不错的办法，可能覆盖更多的流量，但是还要兼顾关联度，所以建议标题的关键词要与产品有一定匹配度。仍然以上面的"Men Sweater"为例，虽然都是毛衣，我们不建议在标题中加"Women Sweater"，否则会给真正的目标买家造成困扰。

　　随着跨境电商的发展，为满足买家对便利性的需求，平台开始探索"千人千面"的展示逻辑，这有助于提高产品与买家需求的关联度。关联度指标所占的搜索权重非常高，以Lazada 平台为例，买家在首页用关键词进行检索时，默认的排序索引"Best Match"翻译成中文就是"最佳匹配"的意思，如图 4-3 所示。

图 4-3　Lazada 平台首页搜索示例

3. 产品的交易转化率

产品的交易转化率通俗地讲就是产品的出单能力，常用的考核指标是日均销量。这需要从两个角度解析。第一，从买家的角度看，产品转化率高意味着受欢迎，迎合市场的需求买家黏性才会强；第二，从平台的角度看，平台流量不少是从谷歌等流量平台外采的，有资金成本，平台自然希望排名越靠前的产品转化率越高，因为每一笔订单都会为平台带来一定比例的佣金。佣金收益高了，平台才能用这些佣金优化各项功能，提升网站体验，形成正循环。图 4-4 所示为速卖通平台搜索结果页面根据出单量排序。

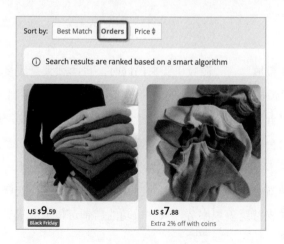

图 4-4　速卖通平台搜索结果页面根据出单量排序

4. 卖家服务能力

卖家的服务能力代表着电商平台的服务水平，体现在售前、售中、售后的客服体验及发货速度、运送时效上，还体现在买家收到产品后对质量的满意程度上。综合这些信息，买家会对卖家进行评价。搜索引擎会分析店铺的综合服务能力，表现好的卖家，其产品的搜索排名权重自然更高。如图4-5所示，速卖通平台卖家的服务能力目前主要体现在产品如实描述满意度、沟通满意度及物流时效满意度三个方面，并且买家可以很容易看到行业平均水平，以及该店铺是高于还是低于平均水平。

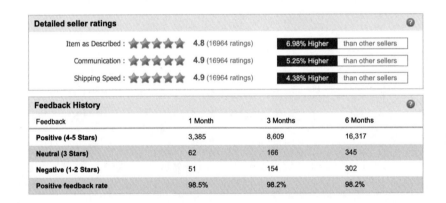

图 4-5 速卖通卖家服务能力指标示例

5. 平台政策

跨境平台在不断投放广告资源吸引买家的同时，也亟须大量质量优、服务能力强的卖家为平台的健康成长添砖加瓦。另外，平台每年都会根据行业发展制定新一年的发展策略，为了引导卖家跟着平台风向走，平台会主动给予资源，扶持优质卖家快速成长。所以为了找到潜力卖家，平台会抓住时机制定相关政策，鼓励符合条件的卖家报名。所以要在电商平台上提升经营效率，紧跟平台政策，抓住行业风向是非常重要的。

以速卖通的"中国好卖家助力计划"为例，该计划提供服务支持、流量支持、品牌特权、营销支持、成长支持这五项服务，入驻成功的店铺可以大大提升经营效率，如图 4-6 所示。

图 4-6　速卖通平台中国好卖家资源支持

随着跨境电商的发展,速卖通平台还推出了"AE Mall"和"全托管服务",助力卖家出海。

1)AE Mall

2022 年 7 月,速卖通 AE Mall 上线,意在为优质商家开辟新赛道,提供更大的成长空间。加入 AE Mall 的商家会拥有专属标识、确定性流量等,同时商家需要提供更好的服务体验、更优质的商品。首批入驻 AE Mall 的商家,有小米(旗下 POCO 品牌)、追觅(Dreame)、石头科技(Roborock)这些早已被世界认可的"国货之光"品牌,也有类似嘿嘹(Haylou)、索菲恩(Sofirn)、渔猎(SeaKnight)等速卖通平台上从中小商家"慢慢长起来"的新锐品牌。

2)全托管服务

2022 年起,速卖通开始推出"全托管服务"。一些产品质量高、受欢迎但跨境经营经验较少的商家,可以把运营等复杂工作都交给平台,自己当"甩手掌柜"。

这个新服务不仅不收佣金,而且还有 3 个月的售后免责期,免责期内如果有消费者退款,平台会来承担所有费用。简单来说,平台会负责主要的店铺运营、仓储、配送、售后服务等环节,商家则需要提供产品,备货入仓。商家提报供货价,平台和商家一起决定最终销售价。

这些年,简单出海一直是跨境圈的一大呼声,物流、售后等对一部分商家来说是巨大痛点。推出全托管的好处是,跨境电商的门槛降低了,过去商家可能需要英文很好,需要懂店铺运营、物流安排，需要处理售后问题和退货问题，而现在只要懂产品、能供货就可以了。所以对于只擅长产品打造的中小企业来说，这是跨境出海的好机会。

掌握了五个产品排名的正面因素，我们也要认识到，不同跨境平台在不同时期，这几个要素的权重会有所差别，卖家需要根据自身重点经营的跨境电商平台特点，去优化权重高的因素。

4.2.2 需要规避的两个负面因素

1. 搜索作弊

搜索作弊指的是卖家不遵守平台规则，骗取曝光和排名的行为。为了维护平台的公正，平台会实时监控产品数据，及时对作弊的产品做出相应惩罚。惩罚手段包含令作弊产品排名靠后、不让作弊产品参与排名，甚至隐藏作弊产品。作弊严重的可能会影响店铺正常产品的曝光，甚至店铺被关闭。我们列举一些常见的搜索作弊行为。

（1）重复铺货：卖家将一件产品在同一个店铺内故意发布多次，或者开设多个店铺重复发布一件产品。

（2）关键词滥用：卖家使用不相关的热搜关键词会降低平台搜索结果与买家搜索需求的相关性，而在标题里重复使用相关性极高的关键词（又称之为标题堆砌）也是关键词滥用的体现。

（3）描述不符：类目、标题、属性或详情页等产品信息的描述与实际不符，该行为会误导买家，从而造成各类纠纷，所以发布产品时请如实描述。

（4）价格作弊：卖家以低价吸引买家点击，而最终的成交价却高于展示价格。这类作弊方式一般表现在三个方面。

第一，卖家以超低价发布产品，但是将运费调高。例如，卖家卖手机，将售价设置成0.01美元，而运费却设置成200美元。

第二，计量单位作弊。比如一些以"对""双"为单位计量的产品（比如鞋子）卖家设置成按"只"卖。对于成双成对的产品务必设置正确的计量单位，否则就是作弊。

第三，SKU作弊。例如，卖家售卖手机同时也售卖手机壳，将它们发布在一个产品下，价格区间设置为6～200美元，可以视为SKU作弊。因为买家潜意识中会以为搜索出的区间最低价 6 美元是手机的价格，点击后发现是手机壳的价格，会觉得自己受到了欺骗。

（5）发布广告：卖家发布产品以广告宣传为目的，并非真实售卖。

2. 侵权

在所有跨境电商违规行为中，侵权行为需要面对的处罚是最严厉的。大部分搜索作弊还有机会整改，而当产品有侵权行为时，整个产品会被平台直接删除。因此经营跨境电商平台前，务必要把版权意识放在第一位。

常见的知识产权有三种，商标权、专利权、版权。我们会在本书第 11 章详细解读在店铺经营过程中如何规避侵权行为。

4.3　跨境电商平台的站内流量结构

4.3.1　搜索流量

4.2 节介绍了跨境电商平台的流量透出机制，而每个跨境电商平台的搜索功能都是围绕这个机制来建立产品排名关系的。如图 4-7 所示，以亚马逊为例，当我们搜索一个关键词时，为什么会有排名第 1、第 2、第 3 的结果？我们很容易猜想到其后台一定有一套排名机制或评分系统在运作。

图 4-7　亚马逊特定关键词排在前三名的产品示例

通过对排名机制的学习，我们将五个正面因素以及两个负面因素结合起来，再赋予每个因素相应的权重，就可以搭建出一套搜索排名机制模型。用这套模型不断给店铺的产品做排名测算，久而久之，就能够对所经营的平台排名机制有深入的了解，用平台思维经营店铺。如图 4-8 所示，产品 C 各正面因素得分都很高，但是因为作弊，排名反而不如产品 A 和产品 B，而产品 D 哪怕各个正面因素得分是很高的，但是因为侵权，产品面临被删除的风险，无法展示排名。

细分因素	五个正面因素					两个负面因素		分数	排名
	产品信息质量	关键词关联度	产品的交易转化率	卖家服务能力	平台政策	搜索作弊	侵权		
权重猜想	15%	15%	30%	20%	20%	-50%	-100%		
产品A得分	10	9	25	10	5	/	/	59	2
产品B得分	14	11	15	18	5	/	/	63	1
产品C得分	13	14	28	18	3	-35	/	41	3
产品D得分	12	14	26	16	15	/	-83	0	无排名

图 4-8　搜索排名机制模型

所以我们鼓励卖家多用自己经营品类的核心关键词去检索，多分析同行的排名和自己的排名，对比每个因素的差异，有的放矢地改善自己的产品，这样才能更好地去竞争自然流量。

4.3.2 首页流量

首页流量有 PC（电脑）端和 App（移动）端两种展示形式。作为跨境电商平台的门面，其内容展示框架和逻辑一定是围绕买家体验、转化率两大核心目标去设计的。首页的功能性模块很多，这里列举较为常见的流量模块。以 Lazada 新加坡站点的 PC 端和 App 端首页为例，PC 端如图 4-9 所示，首页常见流量模块包含顶展、类目树、广告轮播图、导航栏和限时特卖。

图 4-9 Lazada 的 PC 端

与 PC 端展示逻辑大同小异，App 端的展示内容如图 4-10 所示，基本流量模块是一致的。一般 PC 端受限于屏幕大小，展示的内容会更少，所以大多平台会侧重展示平台主推产品。

图 4-10　Lazada 的 App 端

1. 顶展流量（获取难度高）

顶展顾名思义就是顶部广告展示位，大促期间通常被平台用于营造大促氛围，链接到主打类目的促销产品页。这个展位对于绝大多数卖家来说参与率较低。

2. 类目树流量（获取难度低）

买家通过点击一级级类目树来筛选自己想要的产品，页面会有不同的属性值供买家筛选。如图 4-11 所示，假设买家想购买一款以绿宝石作为主石材料的项链，其操作路径就是在 Main Stone 属性下面选择 Turquoise 这一属性，那么在上货的时候正确填写属性的产品就能够在这一阶段被筛选出来，得到展示机会。

我们可以看到，类目树流量是普适性流量，大部分卖家通过精细化运营都可以获取到。这部分流量与我们前文分析的产品搜索排名的五个正面因素之中的"关键词关联度"的逻辑是一致的。作为容易被抓取到的流量模块，如同考试的基础分一样，卖家需要好好把握。

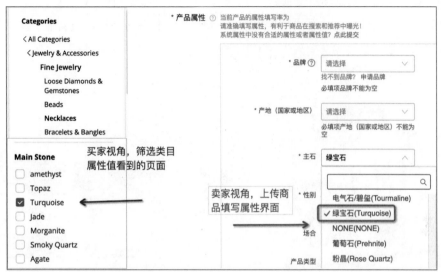

图 4-11　速卖通项链类目属性填写页

3. 首页轮播图流量（获取难度中等）

首页轮播图由于展示位置处于买家视线的焦点，通常也被称为"Banner 轮播展位""钻石展位"。由于资源的稀缺性，想让产品出现在这里，一是需要卖家的店铺或者某个单品的销量达到行业顶级水平，二是需要卖家积极主动向行业小二或者买家经理去申请。

4. 导航栏流量（获取难度高）

导航栏通常用于放置平台主推类目、店铺或者产品，大部分卖家也比较难把握这个流量模块，因此初级和中级卖家不用过多花时间去争取。

5. 限时特卖流量（获取难度中等）

限时特卖类似于淘宝的"聚划算"，卖家用极限让利的方式和平台置换推广资源，在限定时间内将报名产品的转化率提升到极致。这部分流量可以说是平台性价比最高的流量，是用来打造热卖品的最佳资源。从首页进入该流量模块的产品页以后，我们可以看到模块有一个倒计时功能用来增强紧迫感，如图 4-12 所示。大部分跨境电商平台都会让卖得好的产品展示在更前面，打造超级爆款。

所以限时特卖的产品报名成功是第一步，第二步是经常分析同品类其他卖家的活动效果，以及自己店铺的产品活动效果，不断改进。表现好的产品尽量确保一个月参加一次限时特卖。

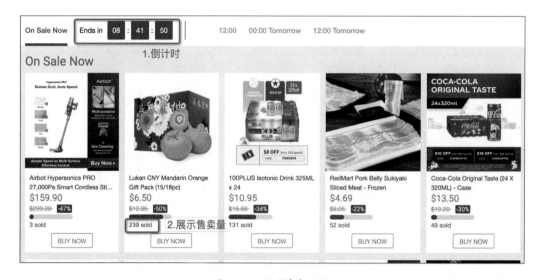

图 4-12　限时特卖活动

通过分析首页的五个流量模块，我们建议新手或者初级卖家至少要有能力获取首页类目树流量，在此基础上争取限时特卖流量，最后有能力的卖家再进一步争取首页轮播图流量。

4.3.3　平台拉新流量

当买家第一次打开一个跨境电商平台时，几乎都可以收到平台发放的新买家优惠券，平台以此鼓励买家下第一个订单。这部分流量就是平台的拉新流量。图 4-13 所示为 Lazada 泰国站的拉新优惠券。

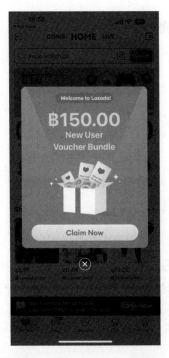

图 4-13　Lazada 泰国站拉新优惠券

如果卖家想争取这部分流量，主要的方法是培育流量款，一般以价格取胜，可以设置多件满减，或者搭配其他关联度高的产品吸引买家一起购买，哪怕单件不盈利甚至有亏损，搭配销售也可实现利润"转正"。举一个丝袜的例子，某个卖家某时间段以每双亏损 5%的定价销售丝袜，但是卖家反馈该产品的每月综合毛利是正的。原因是丝袜是易耗品，国外女性购买丝袜的时候更愿意一次性购买两双及以上。以购买两双为例，同一个买家的订单可以合并成一个包裹发货，物流费会比发两个包裹要便宜。因此设定的单价看似会亏损，最终却盈利。我们在经营店铺的过程中，一定要多站在买家角度思考问题。

4.3.4　付费流量

付费流量一般指平台的直通车（P4P），通俗理解就是付费购买关键词排名。如图 4-14 所示，平台提供一个出价系统，根据店铺产品的综合竞争力和竞价行情提供出价建议。

投放设置

计划推广名称

直通车推广01   7/36

每日预算 ⑦

为保证投放效果，系统根据你所选的商品给出的推荐预算。

¥   10

PC端出价 ⑦

¥   0.5   浮动 ± 40%

图 4-14　付费流量的出价系统

一般只要产品健康度没问题（没作弊，也不侵权），并且投放的关键词与产品的真实关联度高，对于每个出价区间系统都会测算该产品将要展示的实际排名。以速卖通为例，如图 4-15 所示，卖家通过 Baby Romper 关键词付费竞价，使产品可以排在第一页第一名展位（AD 标签表示是付费获得的排名）。

图 4-15　付费后的产品排名

一般认为，重要的新品可以适当用付费广告做推广测试，检验图片是否能吸引买家点击，以及价格和详情描述是否能吸引买家购买。哪一环节数据不理想，就侧重优化哪一环节。

4.4　跨境电商平台站内引流技巧

4.4.1　引流活动的选品策略

经营店铺就是和其他卖家竞争流量，和培养运动员很像，做店铺也需要培养自己的"产品能力矩阵"，让精心挑选的产品可以满足平台活动的各项要求，有能力去竞争平台最优质的流量。

所以开发有潜力的引流产品是店铺运营的核心，选择符合市场而又不违反平台规则的产品是店铺经营的第一步。虽然电子商务的门槛已经随着互联网的发展而大大降低，但是在选品的时候如果能够综合考量地缘产业带、对产品的熟识度及公司优势资源等情况，将会极大提升选品成功率。

1. 研究行业龙头的推品方向

每个行业相对来说都有一个或多个行业龙头，其推品方向基本决定了该行业在接下来一段时期内的流行趋势。所以我们经营一家店铺时，需要快速定位到所在行业龙头网站，以周为单位定期跟踪。龙头网站引领着相关行业的大众审美需求、功能需求，其在网站上销售和重点推广的产品，是由专业的数据分析团队、产品开发团队共同合作的结果，对于新卖家来说是非常好的指路明灯。

给大家提供一个快速定位行业龙头的办法。假如我们经营的是女装店，可以在谷歌搜索引擎输入行业关键词"women clothes"，结果如图 4-16 所示，搜索引擎已经在页面底部将该类目最热门最权威的网站做了归总，我们只需要将归总的几个结果再进一步整理，进入其独立网站观察产品，同步借助互联网资料，就能快速知道该网站在行业的地位以及优势类目，很快就能锚定自己行业的龙头。回到刚才的例子，我们就能得出在经营女装的卖家，尤其是打时尚主题的卖家中，ZARA 就是一个非常好的风向标。

据观察，尽管碎花裙是上世纪的流行关键词，而当 ZARA 设计师将碎花风格再次运用在女装作品中时，碎花复古风再次流行起来，一段时间以后各大平台的热卖品里就有了碎花裙的影子。所以对行业风向标跟踪得越频繁，在产品开发上就越能快人一步，先发制人。

图 4-16　谷歌搜索引擎检索行业关键词示例

2. 研究平台热卖品

　　每个跨境平台在其首页和频道活动页优先展示的产品都经过了数据分析和筛选。这些产品代表当下和将来一段时间内的热卖趋势，卖家可以综合分析并开发有类似流行元素的产品来占领市场。如图 4-17 所示，速卖通的"Flash Deals"（秒杀频道）每天都会推送相关类目的秒杀产品。

图 4-17　速卖通秒杀频道示例

　　和行业龙头有所不同的是，平台的热卖品一般都是当前已经有较多人售卖的产品，先发优势不大，但是并不意味着它们不重要，我们仍然是需要花精力去研究的。

3. 采购商城选品

　　线上和线下的采购商城是类目产品的集散地，要开发潜力产品做引流活动，采购商城是一个非常好的渠道。

　　1688 是阿里巴巴集团旗下的网上采购批发商城。网站设有淘宝专供、跨境专供、严选好货等栏目。而速卖通的卖家，可以重点关注首页的"品类市场"和"跨境专供"两个栏目。

如图 4-18 所示，"品类市场"栏目以档口产业带为检索依据。网站直接以品类为线索，总结出相关品类的优势货源产业带，清晰明了。

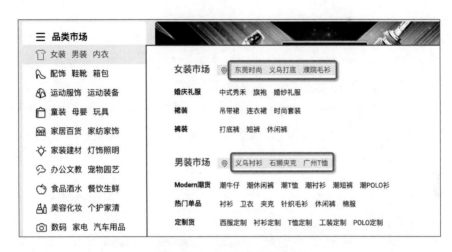

图 4-18　1688 品类检索示例

"品类市场"栏目是了解中国各省产业带的一个非常好的渠道。

1688 通过彻底贯彻国家"互联网+外贸"及跨境电商发展战略，联合全国各产业带政府和第三方服务商为产业带跨境品牌搭建专区，共同提升产业带优势外贸厂商的跨境电商线上竞争力，实现跨境产业带线上升级，最终为跨境电商平台实现"货通全球"和"品牌出海"而努力。

以下将比较重要的跨境产业带和其独特的优势类目列出，仅供参考。

- 石狮产业带：男装。
- 叠石桥产业带：家纺。
- 兴城产业带：泳装。
- 瓯海产业带：眼镜。
- 江门产业带：厨房家居、灯具卫浴。
- 平阳产业带：家居百货、配饰、美容健康。
- 余杭产业带：服装、家纺。
- 义乌产业带：大家居、服装、饰品。

- 长安产业带：流行饰品。
- 云和产业带：木制玩具。

熟悉主要的产业带，产品开发思路会更加清晰。有条件的卖家也可以到产业带进行实地考察。

如图 4-19 所示，"跨境专供"是 1688 网站为跨境电商卖家开辟的另外一个重要栏目，提供新手卖家比较关注的"海外代发"和"爆款开发"功能，首页左侧也提供精准的类目筛选功能，可直接定位到速卖通店铺所经营的具体类目。

以饰品配件这个类目为例，鼠标光标移动到左侧"配饰 箱包 鞋靴"一栏，右侧会提供一系列子类目下的主题索引。从产品维度有"跨境爆品"和"跨境新品"等，从产业带维度有"义乌产地"和"山东产地"等。

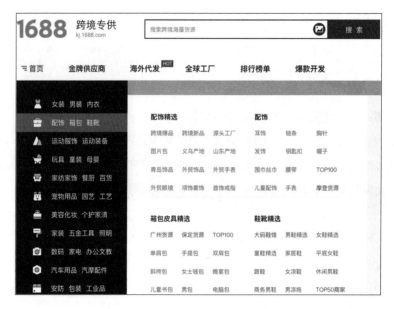

图 4-19　1688 跨境专供栏目

在琳琅满目的产品列表里，我们可以尝试从以下维度来选择产品。

1）成交额排序

在 1688 跨境专供栏目输入类目关键词，以"手链"为例，按成交额降序排列，如图 4-20 所示。第一款产品成交额最高，我们可以优先考虑开发该产品。

2）产品上架时间

我们对比三款产品，发现第一款产品的上架时间为 2018 年 9 月，另外两款分别为 2013 年 1 月和 2015 年 5 月，显然第一款产品最新，有可能存在更大的潜力。从上架时间维度可以优先考虑第一款产品。

3）产品上架便利性

开发产品除考虑流行趋势以外，还可以酌情考虑产品上架便利性。因为产品在上架之前需要准备非常多的数据，如果批发商可以提供"图片包"等信息，就可以节省不少运营的工作，提升产品上架效率。

此外，无论从哪个维度开发产品，都需要注意避免侵权。

图 4-20　按成交额排序示例

4.4.2　引流活动的定价策略

产品的定价关系到转化率、利润等一系列结果，所以在做引流活动以前，我们需要对各项成本进行周密的测算。

我们以速卖通的定价为例，提取运费计算的关键数据如下。

- 产品重量：产品成品的重量（以 200g 为例）。

- 包裹重量=产品重量×1.1（根据经验打包重量大概占产品重量的 10%，如果有最终打包重量样品，以样品为准，没有的话可以参考这个公式）。
- 速卖通佣金=订单金额×8%（目前大部分类目的佣金）。
- 进货价：产品入仓后花费的总成本，以 50 元人民币为例。
- 美元兑人民币汇率：汇率实时浮动，以 6.8 为例。
- 利润率基数：以 30%的利润率为例。

根据某段时间下载的运费表格我们可以得出"无忧物流-标准"运费的计算公式、美元总成本公式，以及最终售价的公式：

$$运费=包裹重量×配送服务费/1000+挂号费$$

$$美元总成本=(进货价+运费)/汇率/(100\%-佣金)$$

$$美元售价=美元总成本/(100\%-利润基数)$$

以俄罗斯的配送服务费为例，某段时间报价是 66 元人民币/kg，挂号费为 13 元人民币，得出：

$$包裹重量=200g×1.1=220g$$

$$运费=220×66/1000+13=27.52（元）$$

$$美元总成本=(50+27.52)/6.8/0.92=12.39（美元）$$

$$美元售价=12.39/(100\%-30\%)=17.7（美元）$$

也就是进货价 50 元人民币的产品，以 30%的利润基数为前提，当前产品可以考虑卖 17.7 美元，以 17.7 美元生成最终订单，扣除产品成本和运费及佣金，卖家可以得到 30%的一次毛利。而在实际的运用当中，最终毛利还要扣除速卖通直通车、联盟佣金、站外推广及人工成本等。我们在实际的运用当中可以酌情考虑。

以上是速卖通产品定价的一个参考方向，我们还可以参考产品竞争环境、产品定位来调整系数，提高售价的竞争力。

速卖通其实已经将所有运费数据汇总到数据库中，我们可以查询运费。

在速卖通后台可通过以下路径可以查询物流方案报价："在线服务—搜索物流服务—物流方案查询"。物流方案查询页面如图 4-21 所示。

图 4-21　物流方案查询页面

　　输入收货地、货物价值、大概尺寸和重量等可以检索出所支持的物流方式和运费。如图 4-22 所示，当前 0.22kg 的包裹重量试算运费和我们计算出的运费是一样的，都是 27.52 元人民币。所以在知道运费计算原理以后，运费可以用该工具获取。

　　针对不同价值的产品，我们可以设置不同的运费模板。"标准类物流"模板适合价值 10 美元以上的产品套用，而当产品价值为 0～2 美元时，我们就可以考虑为这类产品设置"经济类物流"的运费模板。

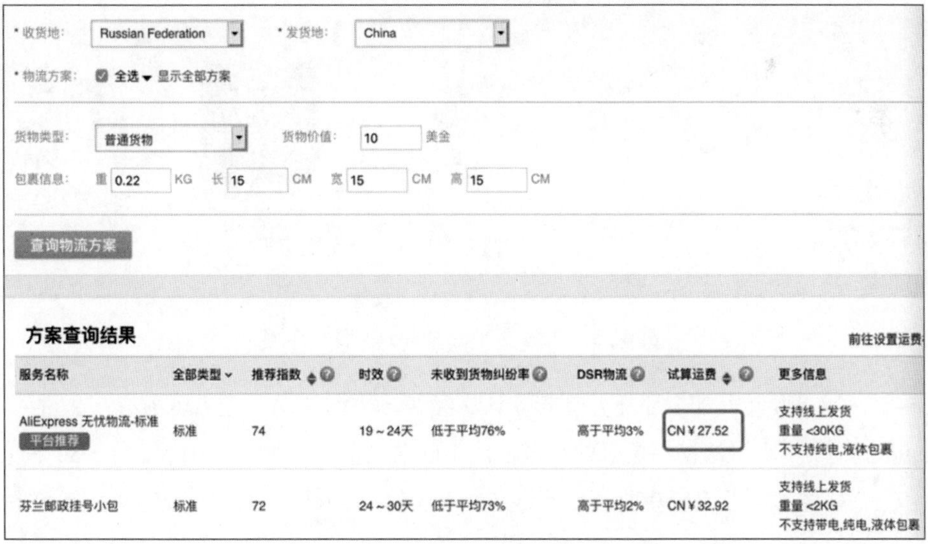

图 4-22　速卖通运费试算

4.4.3 站内引流的技巧

利用好"强者愈强"的马太效应，要想在某一个行业类目取得突破，就必须有产品在此类目迅速冒尖。我们对所有跨境电商知识的学习，都是为了摸索出一套适合自身的组合拳，快速而连贯地用在有潜力的产品上。

1. 抓住新品期流量

一般认为，在跨境电商平台新上架的产品会有 1～2 个月的新品期流量加持。以亚马逊平台为例，如图 4-23 所示，该平台的 New Releases 栏目与 Best Sellers 相呼应，可以理解为新品里的畅销榜单。

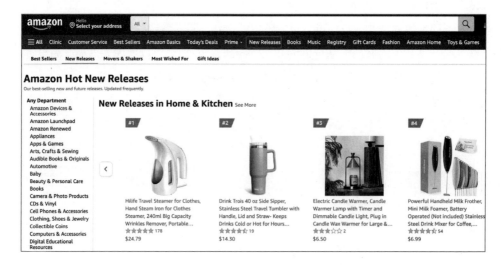

图 4-23　亚马逊 New Releases 栏目示例

要进入这个榜单其实并不难，新卖家认真经营，平均 3 个月左右就能有产品进入 New Releases 排行榜，不过该榜单展示的是排在前 100 名的新品，排在前 10 名、11～50 名、51～100 名三个档位的产品流量获取能力差异是非常大的。进入榜单以后还要趁热打铁争取排在最前列。将前面讲解的知识组合起来，下面给大家提供一套行之有效的组合思路。

第一，产品开发。每个月开发的新品可以根据自身的精力决定多与少，建议每个月一定要有，同时所经营类目必须有精心优化的新品，确保能最大化利用流量透出机制。所有新品自身要有一个侧重排序。

第二，测品。投放一些付费广告，对新品进行关键词流量测试。一般有四种结果：流量高转化高、流量低转化高、流量低转化低、流量高转化低（此处转化高低指转化率高低），如图 4-24 所示。第 1 象限，流量高转化高的产品，其综合素质最高，能吸引点击，也有足够的转化能力，这类产品优化的时候要谨慎一些，避免将好的地方越改越差，所以重点要做的是参加平台活动，测试活动效果。第 2 象限，流量低转化高的产品，此时由于样本较少，推荐继续付费投放关键词，扩大样本看看转化率是否可持续，如果可持续就证明产品的潜力不错，可以像第 1 象限的产品一样报名参加平台活动。第 3 象限，流量低转化低的产品，这个象限的产品如果没有精力，建议先放着，其潜力一般是比较低的，并且需要大量精力去优化。第 4 象限，流量高转化低的产品，建议评估产品价格，降价以后继续测试。

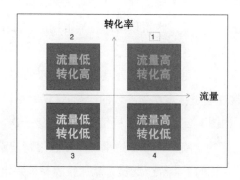

图 4-24　流量和转化率的四象限图

第三，评测。评测和第二步的测品可以同时进行，也可以调换顺序，需根据实际情况决定。评测指的是让老买家帮忙免费或者低价试用该产品，然后给出评价。一般认为老买家对评价会偏正面，不过不能引导买家，避免诱导评价之嫌疑，买家自己会客观地去试用。有些跨境电商平台会有官方的评测渠道，比如说速卖通平台有"试用"活动，买家以抽奖的方式参与，如果中奖，则可以用 0.01 美元购买该产品，收到以后写图文评论。而亚马逊平台则有"早期评论计划"，也是用一些奖励鼓励购买产品的买家早点留下评论。据统计，有正面图文评论的产品转化率比没有图文评论的产品高出 50%以上。

第四，参与平台活动。冒尖的产品一定要参与平台活动，让潜力产品到更大的平台接受检验，使其快速进入成熟期。

2. 利用成熟期流量

产品进入成熟期的一个标志，是拥有了自然排名，量化表现就是用核心关键词检索后，产品可以出现在前 3 页，这意味着这个产品有一定的盈利能力。需要利用好这一周期拉动销售额和利润双增长。首先要提前 1 个月规划该产品的平台活动参与计划。然后要根据产品的特性设立"满件折"或者搭配销售折扣。"满件折"就是购买两件时可以打折，搭配销售折扣就是同时买关联产品时可以打折。这个周期要重点监控同类卖家近似款产品的价格和售卖方式。

3. 在衰退期把握二次流量

产品经过一段成熟期，跟卖或者升级的产品会越来越多，加上季节更替以及流行趋势的转变，相当数量的产品会开始走入衰退期。这个时候建议降价来维持竞争力，把握二次流量。如果同类目有新冒尖的产品，也可以考虑将衰退期的产品清仓处理，将精力放在更好的产品上面。

如果卖的产品在不断升级、更新换代，并且老产品链接的综合评价还不错，那么也可以用增加 SKU 的方式直接在老链接上卖新换代的产品。这样就可以充分利用老链接的流量，带动新换代产品的销量。如图 4-25 所示，手机平均一年升级一次，在上一代的链接里加入换代手机壳，是一个比较好的策略。当然在这里也要注意规避搜索作弊，比如说最新手机壳是 14 代了，还继续和 10 代的手机壳一起卖，就比较容易被判定成搜索作弊。

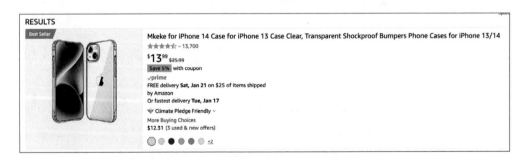

图 4-25　手机类目增加 SKU 示例

本章习题

一、名词解释

1. 搜索作弊
2. 重复铺货

二、选择题

1.（单选）以下哪项不属于产品的信息质量？（　　）

A. 标题　　　　　　B. 图片　　　　　　C. 详情描述　　　　D. 产品 SKU 的数量

2.（单选）以下哪项不属于搜索作弊？（　　）

A. 长期打折　　　　B. 价格作弊　　　　C. 关键词滥用　　　D. 重复铺货

3.（多选）卖家服务能力包含以下哪些选项？（　　）

A. 售后服务　　　　B. 发货速度　　　　C. 毛利率　　　　　D. 运送时效

三、填空题

1. 产品排名需要规避的两个负面因素是_____和_____。
2. 产品描述不符会容易导致_____增多。

四、简答题

1. 买家在店铺搜索"毛衣"，结果页有沙滩裤。该卖家在设置关键词时可能犯了什么错误？

2. 卖家以低价吸引买家点击，而最终的成交价却高于展示价格，这种作弊方式属于哪一类？

第5章

TikTok 跨境电商
内容营销

内容电商通常也被称作兴趣电商，它是一种通过高质量的文字、图片、视频或直播内容吸引用户，引发用户兴趣，从而使其产生交易行为的区别于传统电商的新型电商模式。

内容电商的本质还是广告，不过与传统广告不同的是，它具有更强的时效性、趣味性、互动性和针对性。所以在某种程度上来讲，内容电商其实重新定义了传统广告，它让广告以一种更容易为用户所接受的形式展现了出来。

近几年，伴随着互联网技术和移动互联网的高速发展，内容电商也是风头正盛。比起面对冷冰冰的主图、详情页和评价，很大一部分消费者认为，通过社区论坛、自媒体文章、达人短视频推荐、主播展示和使用，可以更加直观和全方位地了解一个产品的优缺点，并且在与答主、博主、达人、主播、粉丝的互动中，消费者们可以了解到更多的产品信息，同时也能体验到更多的趣味。

毫无疑问，这场变革对于已经成型且具备一定体量和一定规模的传统电商卖家和团队来说无疑是一场巨大的考验，但是对于初创公司和想入局电商领域的个人创业者们来说却是一次极大的机遇。

前面章节介绍了当下较为主流的几个跨境电商平台以及它们的特点、基础运营规则和运营手段。本章将介绍一些与前文大不相同的跨境电商平台——内容跨境电商平台。

5.1　TikTok 概述

目前国际各 App 市场对 TikTok 的认可度极高，而 TikTok 又多次获得各 App 市场下载榜 Top 1 的荣誉，毫无疑问，TikTok 的用户群体是极为庞大的。所以不难判断出，TikTok 必然会是接下来跨境电商平台，尤其是跨境内容电商领域里最大的热门之一，甚至可以说它是跨境电商的下一个风口，所以本章会用大量篇幅介绍 TikTok 基础知识，并带大家熟悉 TikTok 平台的操作及运营方法。

在国外几大电商平台打得不可开交、企图"瓜分天下"的同时，TikTok，也就是我们常说的"国际版抖音"横空出世。

反观国内电商圈，抖音于 2018 年至 2019 年接连上线娱乐直播、直播带货、购物车、红人产品橱窗、精选好物联盟、抖音小程序等功能，并在搜索引擎里加入产品类目搜索功能。抖音凭借着它庞大的日活跃用户数、超高的粉丝黏性，以及强大的计算方法异军突起，迅速地从一家纯娱乐性质的短视频社交媒体平台转变为可以和几大互联网巨头掰手腕的电商平台，在淘宝天猫、京东、拼多多几乎"三分天下"的时候，成功地在电商领域分了一杯羹，并且成了当下互联网最大的风口之一。抖音 LOGO 如图 5-1 所示。

图 5-1　抖音 LOGO

成功是可以复制的，在抖音上线不到一年时间后，字节跳动便在海外创立 TikTok 平台。借着字节跳动在国内通过抖音积累的丰富经验和强大且完善的算法，TikTok 就这样杀入海外市场，并迅速占据了一席之地。TikTok LOGO 如图 5-2 所示。

图 5-2　TikTok LOGO

从 TikTok 成立伊始，它的数据就不与抖音互通。也就是说，国内用户在抖音 App 上刷不到 TikTok 用户上传的短视频和直播，国际用户在 TikTok 上也看不到我们在抖音上的短视频和直播。

而 TikTok 对地域要求也十分严格，它可以通过检测用户的 IP 地址、定位，甚至使用语言等属性来判断用户所在地域是否可以使用 TikTok。如果检测出用户地域与 TikTok 所规定的地域不匹配，那么 TikTok 官方轻则会给用户所发布的短视频或直播限流，重则可以限制用户使用，甚至直接封号处理。所以在国内使用 TikTok 具有一定的难度，这也提高了入局 TikTok 创业的门槛。

其实通过以上两个相似的 LOGO 不难判断出，字节跳动的本意就是希望打造出一个和国内抖音相似的"国际版抖音"。当然，抖音与 TikTok 相似的不止是 LOGO，包括 UI 界面、交互设计、操作模式乃至短视频和直播的推送算法都极为接近。所以如果对国内抖音有所了解的话，那么带着对抖音的运营经验入局 TikTok 必然会具有一定的优势。

TikTok 与抖音不同的地方，除了上文提到的之外，还有两点值得注意。

（1）抖音 App 的用户后台与 TikTok App 的用户后台有一些细节上的差别。图 5-3 所示为抖音 App 用户后台、图 5-4 所示为 TikTok App 用户后台。

图 5-3　抖音 App 用户后台　　　　图 5-4　TikTok App 用户后台

（2）TikTok 并没有网页版创作服务平台。图 5-5 所示为抖音的网页版创作服务平台。

所以 TikTok 创作者并不能实现定时发布视频这样的操作，也不能在 PC 端查看粉丝用户画像，这虽然会为创作者带来一定的不便，但最基本的在 App 内上传并删除视频、开启直播、更改用户名和简介、查看已发布视频等操作与抖音是大致相同的，所以对习惯操作抖音的达人和卖家来说，TikTok 的使用并不会有太大的不适应感。另外，在 TikTok 的用户资料里，是可以挂上其他社交媒体平台和电商平台（包括但不仅限于Facebook、Instagram、Twitter、WhatsApp、独立站、自建站）的外部链接、用户名或者联系方式的。这对于达人和卖家来说绝对是一个好消息——对于希望在多个平台引流积累粉丝的达人，已经在其他平台拥有成熟的店铺、独立站和自建站，没有取得开通 TikTok 小店"小黄车"资格的卖家，以及希望积累自己私域流量池进行更低成本更快速变现的创业者，TikTok 的这个政策都会带来一定程度上的便利条件。

图 5-5　抖音网页版创作服务平台

值得一提的是，截止到 2022 年底，TikTok 还没有官方商城以及 TikTok 小程序上线，所以 TikTok 的界面相对于抖音界面看上去会比较简洁。不过因为目前还没有商城功能，所以卖家如果希望产品有一定的曝光量，那就只能通过短视频带货和直播带货两种途径为产品引流了。而又因为目前没有小程序功能，所以达人也少了通过为 TikTok 小程序引流获取广告费或分红这一种快速的变现手段。但是好在 TikTok 的用户体量十分庞大，所以就算只有短视频和直播带货这两种变现手段，此时入局 TikTok 并分一杯羹的机会也是很大的。而且根据目前国内抖音的形势来看，TikTok 官方商城以及 TikTok 小程序上线也是指日可待的事情，相信那时候的 TikTok 产业链也会变得更加完善，相关业务也会形成闭环，达人和卖家们在 TikTok 上的变现手段也会更加多元化。

5.2　TikTok 基础运营

TikTok 店铺分为两种，一种叫作"TikTok 国家站"，也就是"TikTok 本土店"，另一种叫作"TikTok 跨境店"。

TikTok 本土店，顾名思义，它只支持开放了此项业务的国家的本土企业注册卖家账号。

以印度尼西亚为例，当印度尼西亚企业注册了印度尼西亚本土店后，本土店就可绑定企业官方注册经营的 TikTok 号（只可以绑定 1 个）和渠道经营 TikTok 号（可以绑定 4 个），绑定成功后便可以在该账号下的短视频内，挂上印度尼西亚企业在本土店上架的产品的链接，并且已绑定账号的直播间内也能够销售本土店内的全部产品。同时，印度尼西亚本土店可以邀约印度尼西亚本国的 TikTok 达人带货，邀约成功后，达人就可以在自己发布的短视频和直播间内挂上该本土店上架的产品的链接，从而赚取佣金。

值得注意的是，虽然全球范围内的用户都可以观看这三类账号发布的视频和直播间，但是其他国家和地区的用户并不能看到视频下方的购物车图标及产品链接，也不能够在它们的直播间购买任何产品。

TikTok 跨境店则不同，任何国家和地区的企业都可以注册 TikTok 跨境店，但它只支持所有开放了此项业务的国家和地区的消费者进行使用。目前开放 TikTok 跨境店业务的国家有英国、泰国、越南、马来西亚、菲律宾、新加坡，共计 6 个国家。

同样需要注意的是，TikTok 跨境店注册成功之初，只能面向英国的消费者销售产品，企业如果想开通其他售卖国的服务，需要其店铺在英国市场达到一定的销售额并通过 TikTok 官方审核获得资格，或联系与企业进行对接的专属用户经理，获取邀请码后才可以开通。

因为目前 TikTok 只支持国内企业注册并运营 TikTok 跨境店铺，TikTok 本土店操作方法又与跨境店基本相同，所以，以下所有的讲解都以 TikTok 跨境店为主。又因 TikTok 跨境店后台语言支持多国语言，而本土店后台则支持英文以及当地语言，所以，以下图示以英文界面为主。

5.2.1 TikTok Shop Seller Center 操作入门

"TikTok Shop Seller Center"就是 TikTok 的官方店铺后台，在本节将会为大家详细讲述 TikTok 店铺从注册到操作的全部过程。

1. 如何注册 TikTok Shop

在注册 TikTok 跨境店之前，我们首先要准备一部专门用于运营 TikTok 的手机，为了操作简洁和便利，推荐大家使用 iPhone 或者谷歌手机进行操作，并把手机语言改成英文模式，同时准备一个没有绑定过其他账号的全新手机。因为 TikTok 跨境店目前不支持个人用户及个体工商户（个体独资企业）注册，所以我们还需要有非个人独资企业的营业执照及企业法人代表身份证正反面照片（一家企业最多可以注册 5 个卖家账号）。最后需要再注册一个接受验证码和 TikTok 官方信息的邮箱（推荐注册谷歌邮箱或 Outlook 邮箱）。当一切都准备齐全以后，就可以开始着手注册 TikTok 跨境店了。

TikTok 注册账号的界面如图 5-6 所示，在把信息全部填好之后，账号就会进入审核流程，通常这个流程会持续几周甚至几个月的时间。如果觉得审核流程时间过长，希望节省时间，也可以联系得到 TikTok 官方授权的服务商，企业向授权服务商提交资料后，倘若条件符合服务商的要求，那么服务商可以为企业提供一串推荐码，在审核时输入服务商推荐码的话，审核时间就会大大缩短。

推荐大家在账号审核期间阅读并学习一下官方提供的条款和协议，这样会大幅度减少我们在未来操作及运营 TikTok 跨境店时的错误，以免带来不必要的麻烦。

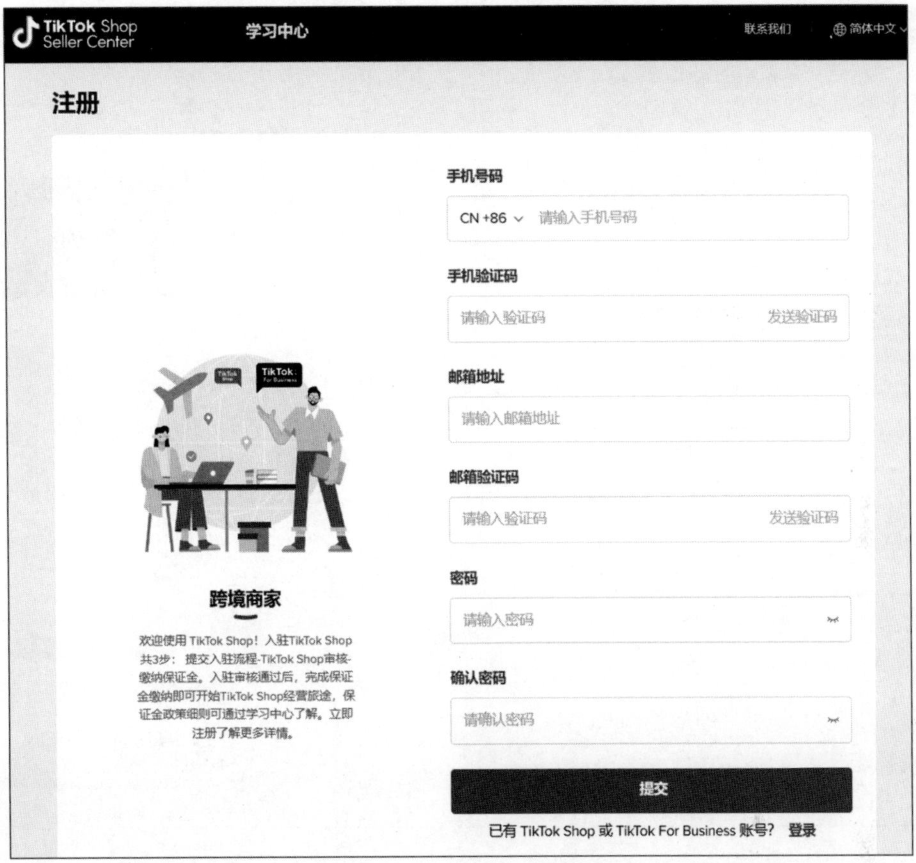

图 5-6　TikTok 注册账号界面

2. 如何设置店铺资料

在注册好 TikTok Shop 账号后，我们就可以以跨境卖家的身份进入 TikTok Shop Seller Center，如图 5-7 所示。

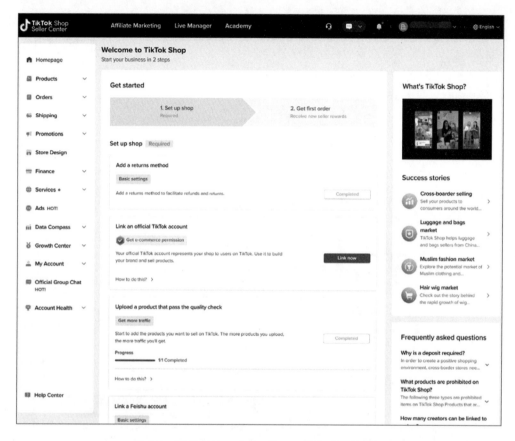

图 5-7　TikTok Shop Seller Center 界面（跨境店）

　　首先我们在左侧导航栏找到 My Account（我的账号）选项，点击将其展开（图 5-8），并选择 Seller Profile（卖家资料）栏目。

图 5-8　My Account 界面

之后我们就可以看到图 5-9 所示的界面，界面上方栏目含义依次是：卖家信息、店铺信息、品牌、仓库地址、假期模式、支付信息、订阅设置、账号安全。

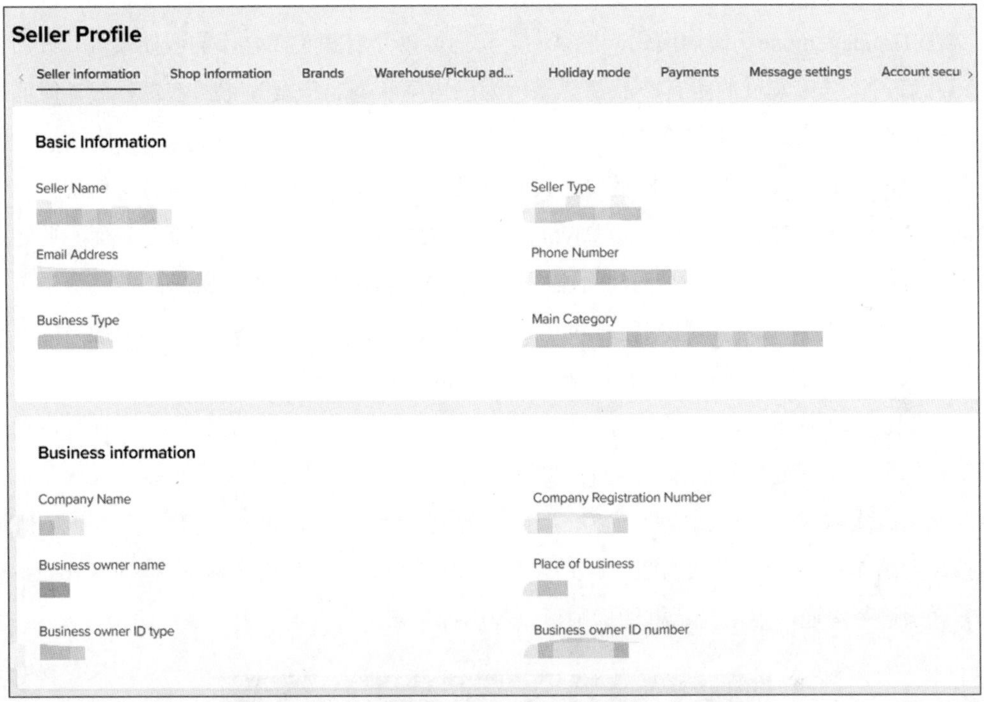

图 5-9　Seller Profile 界面

在 Seller information（卖家信息）栏目中，可以更改店铺地址及店铺绑定的手机号，使用国内地址和手机号即可。

在 Shop information（店铺信息）栏目中，可以上传店铺 LOGO、更改店铺名称及上传税号和海关号，要注意，店铺 LOGO 里也不能含有中文，VAT Number 指的是增值税发票号码、EORI Number 指的是欧盟海关号。

在 Brands（品牌）栏目中，可以认证产品品牌。商标持有人需要上传商标注册证，一级经销商需要上传一级授权书，二级经销商需要同时上传一级授权书和二级授权书。

在 Warehouse/Pickup and Return（仓库地址）栏目中，可以添加我们的仓库发货和退货地址。在退货仓库地址选项中我们可以选择海外的 TikTok Shop 合作仓，通常情况下退货的产品都会寄到该地址。在产品质量没有问题且退货产品可以二次销售的情况下，卖家可以在该合作仓发货进行二次销售，这样可以节省很多邮费成本。不过还是能避免退货则避免退货，通常情况下，卖家向买家提出 20%～30%的补偿，让买家取消退款，买家是比较容易接受的，对卖家造成的损失也会降低到最小。

在 Holiday mode（假期模式）栏目中，我们可以开启和关闭仓库的假期模式，开启假期模式后，该仓库发货的所有产品都会显示为已售罄状态。但要注意，在选择假期时间范围的时候要使用北京时间（UTC+8）。

在 Payments（支付信息）栏目中，我们可以绑定收款账号，TikTok 官方合作的支付平台叫作 Payonner（派安盈），在注册 Payonner 账号的时候，推荐注册公司账号，而不要注册个人账号。因为 Payonner 账号的注册流程较为简便，也没有过多的注意事项，且该主页可以设置为全中文界面，所以注册流程不在这里过多地介绍。通常 Payonner 公司账号的审核时间为 1～3 个工作日，认证成功后即可直接在 Payments 内绑定。

在 Message settings（订阅设置）栏目中，我们可以设置店铺的订阅信息，订阅信息包括审核结果、违规处罚及预警、申诉通知、店铺动态、订单通知、售后通知、活动发布、规则说明、卖家成长。订阅信息可以在店铺后台及店铺绑定的邮箱内查看，查看店铺信息的按钮为图 5-10 中铃铛形状的图标。左侧还有两个图标，点击耳机图标可以与 TikTok Shop 官方客服进行沟通，点击对话框图标则可以与店铺买家进行沟通。

图 5-10　信息栏图标

在 Account security（账号安全）栏目中，可以开启和关闭账号登录认证，并且添加可信设备。账号认证包括短信认证、邮件认证及 Google 身份验证器认证。

官方给出的关闭店铺步骤如下：

第一步：验证身份。

为了保证账号安全，平台将动态验证码发送至店铺管理人手机。

第二步：检查关店条件并签署关店协议。

● 　开启关店公示期 30 天。

● 　无进行中的订单，且最后一笔订单完结超过 90 天。

- 全部货款已经完成结算。

- 全部佣金已经支付。

- 接受并签署关店协议。

第三步：保证金退款。

前往保证金页面，确认退款金额并完成退款流程。

第四步：完成关店。

店铺关闭流程已完成，正式停止 TikTok Shop 的经营活动。

3. 如何缴纳保证金

上架产品之前，必须缴纳保证金。首先，我们点击店铺后台左侧导航栏的 Finance（资产），将其展开并选择 Deposit（保证金）栏目，如图 5-11 所示。

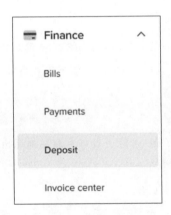

图 5-11　保证金界面导航

之后便可以进入缴纳店铺保证金的界面了，如图 5-12 所示。

店铺保证金是 TikTok Shop 在卖家注册过程中收取的一笔款项，用于保护 TikTok 和买家，防止卖家在 TikTok Shop 经营期间违反适用条款、法律法规或其他要求。

保证金指卖家必须支付的一笔担保款项。具体金额由卖家选择的产品类目而定。如果卖家希望销售的产品属于多个产品类目，店铺保证金的金额以最高为准。

跨境卖家向平台支付保证金后，才能在 TikTok Shop 开展业务。

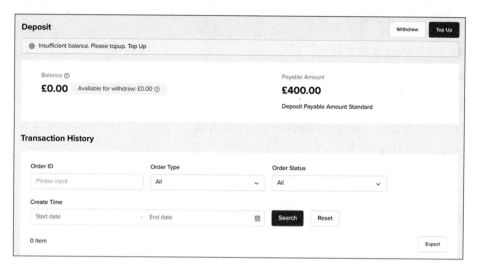

图 5-12　缴纳店铺保证金界面

对于保证金，官方条款规定：

如果卖家出现以下情况，TikTok Shop 有权合理使用店铺保证金赔偿损失。

（1）违反适用条款或合同，包括但不限于卖家服务条款。

（2）违反相关法律、法规或规定。

（3）违反平台规则（如社区准则）。

（4）无法履行服务义务（例如，未能进行订单履约或者出现所售产品货不对板的情况）。

（5）存在欺诈或其他不诚实的行为。

（6）在运营期间账号余额为负数。

（7）存在其他违规或违法行为。

同时我们也要注意，在扣除店铺保证金后，我们需要在第一时间补缴足额的保证金，这样才不会为我们的店铺后续运营带来负面影响。

还有几个官方给出的注意事项：

如果卖家在不同国家开设店铺，卖家需要在每个国家分别缴纳店铺保证金。

店铺保证金应使用卖家实际开展业务国家的货币进行支付，但也接受卖家所在国家的货币。TikTok Shop 在收取店铺保证金时会显示实时汇率。如果由于汇率变化导致实际支付金额发生改变，将由卖家承担责任。

卖家不会获得因店铺保证金生成的任何利息。

卖家应承担与支付店铺保证金相关的银行、转账或支付手续费用。

如果卖家希望销售的产品属于多个产品类别，店铺保证金的金额以最高的为准。

如果卖家在经营期间新增产品类目，新增类目存在更高保证金门槛，则卖家需要支付保证金差额部分。

跨境店铺的保证金额度跨度极大，英国区的保证金额度为 400~4000 英镑，新加坡区为 500~4500 美元，马来西亚、菲律宾、泰国、越南等区则为 125~1250 美元。不过通常我们在英国区销售一般类目的产品，只需要缴纳 400 英镑保证金就足够。

其中特定产品需要缴纳的保证金额度会高一些：母婴用品（包括孕妇产品、服装、玩具、图书、推车）、美妆个护产品、手机电脑及配件等数码产品、办公文具、时尚配件、家具、收藏品、家装建材、居家日用品、家用电器、厨房用品、女士箱包、运动户外产品、五金工具、汽车摩托车配件、珠宝与衍生品，都需要缴纳 2000~4000 英镑保证金。

至于具体的二级、三级类目保证金要求及其他国家市场所需要的保证金额度，我们可以登录 TikTok 学习中心，通过上方导航进入"规则中心"进行学习，如图 5-13 所示。

图 5-13　规则中心

在"规则解读"板块点击左侧导航中的"政策文章"下拉按钮并找到《TikTok Shop 跨境店铺保证金政策》。在该政策的 3.1 节里，列出了详细的各类目及国家所需要缴纳的保证金，如图 5-14 所示。

图 5-14　类目保证金要求

　　规则中心和学习中心内其他资料也均由官方编写，如果想对各种规则及操作流程进行深入了解，也可以在阅读本书之余登录上述官方网站进行进一步学习。

4.产品如何上架

　　在缴纳好保证金并绑定好支付平台之后，我们就可以开始着手准备产品上架了。首先点击左侧导航栏的 Products（产品）选项将其展开，找到 Add New Product（产品上新）栏目，进入上新页面，如图 5-15 所示。

图 5-15　Products 导航栏

之后我们会进入第一个产品上新页面，如图 5-16 所示。我们可以看到两个栏目，在 Product name（产品名称）中可以填写产品的关键词。与淘宝、天猫、京东、亚马逊等平台不同的是，因为 TikTok 的产品主要通过视频及直播展示，所以产品名可以不加大量长尾关键词，在其中填写品牌名称和产品名称及关键属性即可。

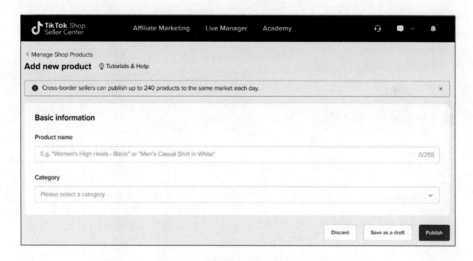

图 5-16　TikTok 产品上新页面

在 Category（类目）中可以点击选择我们产品的一、二、三级类目，如图 5-17 所示。填好、选好后在页面下方会弹出添加其他产品属性的界面，我们可以从上往下依次在其中添加产品材质、品牌、主图、白底图、详情页、产品视频、质量、尺寸、服务期限（选填）、服务条款（选填）、SKU 属性，如图 5-18 所示。

图 5-17　产品类目选项

图 5-18　添加产品信息界面

这里需要注意的有以下几点：

（1）主图和白底图不能带有汉字水印，最好连其他语言的水印也不要有。产品本身上面有汉字也会提示上传失败，所以我们需要把产品上面的汉字遮住才可以上传。

（2）因为在直播间中产品细节已经很好地展示出来了，这时候再在产品详情页里加入太多的图片和描述反而会影响买家体验，所以建议详情页与产品名称关键词一样，要相对精简一些。

（3）产品视频可以与 TikTok 带货视频不同。

（4）这里所上传的产品重量指的是包括产品包裹在内的重量，产品尺寸同样也是指产品包裹的尺寸，而不是产品本身的重量和尺寸。系统会根据卖家上传的重量及尺寸自动计算邮费和优惠金额。

5. 如何查看订单

首先点击左侧导航栏 Orders（订单）选项将其展开，找到 Manage Orders（订单管理）栏目进入页面，如图 5-19 所示。Manage Orders 下方三个选项是：取消管理、退货退款管理、自动化工具（目前自动化工具服务只支持跨境店使用，不支持本土店使用）。

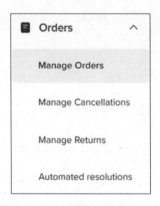

图 5-19　Orders 导航栏

之后我们就会进入订单管理界面，如图 5-20 所示。上方栏目依次是：全部订单、未支付订单、代发货订单、已发货订单、已完成订单、已取消订单。在栏目下方我们可以通过搜索订单 ID、订单创建时间、物流方式、物流出现的问题、预售及现货、订单标签、买家信息、产品信息、包裹信息、支付方式、取消类型等方式查询或筛选订单。

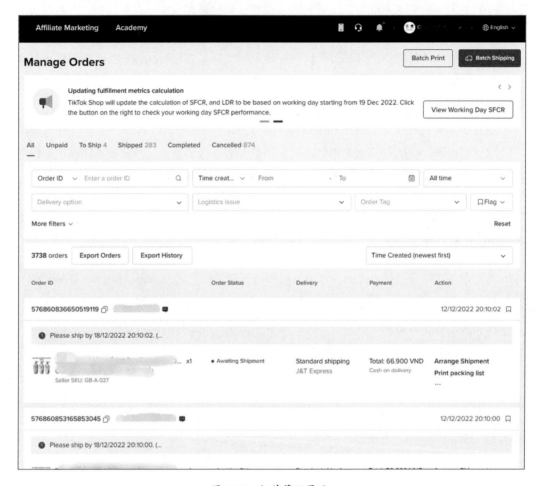

图 5-20   订单管理界面

中间的"3738 orders"为店铺总订单数，我们可以将筛选出的订单信息通过订单总数右侧的 Export Orders 按钮导出为 Excel 表格。点击右侧的 Export History 按钮可以查看我们导出数据的历史信息。最右侧的选项为排序类型，可以根据订单支付时间、订单创建时间、支付金额进行升序和降序排列。

在下方则是订单详情区域，区域上方五个属性分别表示订单 ID、订单状态、物流状态、支付信息及订单操作。点击买家网名的左侧对话框图标，可以进入与买家的聊天界面。

6. TikTok Shop 的物流政策

在 TikTok Shop 上购物，需要买家先向卖家支付邮费，之后卖家再向平台支付邮费。

正常情况下，从产品由卖家手中发货至被买家签收，共要经历两个阶段。

先是从卖家到分拨中心（集货仓、中转仓）阶段，再是由分拨中心通过跨境物流寄到买家手中。

在前一个阶段中，卖家可以选择让万色速递员上门领取快递，也可以选择联系卖家合作的快递公司上门取件，自行寄送到分拨中心。目前已开通（或部分区域开通）万色上门揽收服务的地区包括：上海、杭州、宁波、苏州、昆山、连云港、义乌、金华、东阳、浦江、温州、广州、佛山、深圳、东莞、福州、泉州、莆田。在未开通万色速递的地区，卖家只能选择自行寄送至分拨中心，国内分拨中心共有四个，分别是：东莞分拨中心，揽收覆盖范围为广东全省；泉州分拨中心，揽收覆盖范围为泉州、厦门、福州、莆田；义乌分拨中心，揽收覆盖范围为金华、东阳、温州；上海分拨中心，可揽收其余所有地区的包裹。

而在后一个阶段，完全由 TikTok Shop 官方负责，跨境邮费成本报价单已在表 5-1、表 5-2、表 5-3 中为大家详细列出。

表 5-1　英国地区运费成本（货币单位：英镑）

物流渠道	货物类型	跨境物流成本		买家支付运费	中国内地卖家支付运费=跨境物流成本+买家支付运费		退件服务费	
		起重价（10g）	续重价（每 10g）		起重价（10g）	续重价（每 10g）	退件处理费	增值服务
Standard	普货	0.06	0.06	4	4.06	0.06	0.78/单	0.18/单
Standard	特货	0.07	0.07	4	4.07	0.07		
Standard	敏感货	0.07	0.07	4	4.07	0.07		
Economy	普货	0.06	0.06	2	2.06	0.06		
Economy	特货	0.07	0.07	2	2.07	0.07		
Economy	敏感货	0.07	0.07	2	2.07	0.07		

表 5-2　东南亚地区运费成本 1

国家	地区	渠道名称	运输方式	币种	跨境物流成本	
					起重价	续重价（每 10g）
泰国	大曼谷	Standard	空运	THB	1	1
泰国	外府	Standard	空运	THB	1	1

续表

国家	地区	渠道名称	运输方式	币种	跨境物流成本	
					起重价	续重价（每10g）
泰国	大曼谷	Economy	陆运	THB	1	1
泰国	外府	Economy	陆运	THB	1	1
越南	河内	Economy	陆运	VND	900	900
越南	其他区	Economy	陆运	VND	900	900
马来西亚	西马	Standard	空运	MYR	0.15	0.15
马来西亚	东马	Standard	空运	MYR	0.15	0.15
马来西亚	西马	Economy	海运	MYR	0.15	0.15
马来西亚	东马	Economy	海运	MYR	0.15	0.15
菲律宾	马尼拉	Standard	空运	PHP	4.5	4.5
菲律宾	其他区	Standard	空运	PHP	4.5	4.5
菲律宾	马尼拉	Economy	海运	PHP	4.5	4.5
菲律宾	其他区	Economy	海运	PHP	4.5	4.5
新加坡	全境	Standard	空运	SGD	0.7	0.15

表 5-3　东南亚地区运费成本 2

国家	地区	渠道名称	运输方式	币种	买家支付运费	卖家支付运费=跨境物流成本+买家支付运费		
						起重重量（g）	起重价	续重价（每10g）
泰国	大曼谷	Standard	空运	THB	40	10	41	1
泰国	外府	Standard	空运	THB	70	10	71	1
泰国	大曼谷	Economy	陆运	THB	22	10	23	1
泰国	外府	Economy	陆运	THB	54	10	55	1
越南	河内	Economy	陆运	VND	10 000	10	10 900	900
越南	其他区	Economy	陆运	VND	17 000	10	17 900	900
马来西亚	西马	Standard	空运	MYR	4.5	10	4.65	0.15
马来西亚	东马	Standard	空运	MYR	8	10	8.15	0.15
马来西亚	西马	Economy	海运	MYR	1.5	10	1.65	0.15
马来西亚	东马	Economy	海运	MYR	2	10	2.15	0.15
菲律宾	马尼拉	Standard	空运	PHP	40	10	44.5	4.5
菲律宾	其他区	Standard	空运	PHP	60	10	64.5	4.5
菲律宾	马尼拉	Economy	海运	PHP	20	10	24.5	4.5
菲律宾	其他区	Economy	海运	PHP	20	10	24.5	4.5
新加坡	全境	Standard	空运	SGD	0.8	50	1.5	0.15

值得注意的是：表 5-1 中的普货指的是常规的，不含电、磁、液体、颗粒、粉末的产品，比如服装、玩具、模型、厨具、家居用品、运动器械等产品。敏感货指的是液体、粉末状、膏状、乳状、凝胶状产品等。特货指含电含磁的产品。除此之外还有一些禁运品，如超过 100mL 的液体产品等。

5.2.2　TikTok Shop 内的达人管理

达人通常又被大家习惯性称为 KOL（Key Opinion Leader，关键意见领袖），但其实这是不准确的，KOL 为营销学的一个词汇，通常指的是拥有比买家更多、更准确的产品信息，为粉丝和大众所接受或信任，并且对粉丝和大众的购买行为具有较大影响力的人。

与之相似的还有一个群体，叫作 KOC（Key Opinion Consumer，关键意见消费者），KOC 的影响力较小，因为他们的粉丝较少，所以影响范围通常局限于家人、朋友。KOC 本身就具有消费者的身份，他们分享的内容以自己的亲身体验为主，因此，他们反而可以更容易取得身边人和粉丝们的信任。切记，KOC 也是达人中不可或缺的一个分支。

1. 如何邀约达人

点击卖家后台上方导航栏中的 Affiliate Marketing（带货联盟）链接，就可以进入带货联盟界面，如图 5-21 所示。

因为 TikTok 服务器自身问题，我们打开带货联盟界面的时候，偶尔会出现达人图片和视频封面图片加载不成功的情况，但只要不影响后续操作，就没有必要不停地刷新。

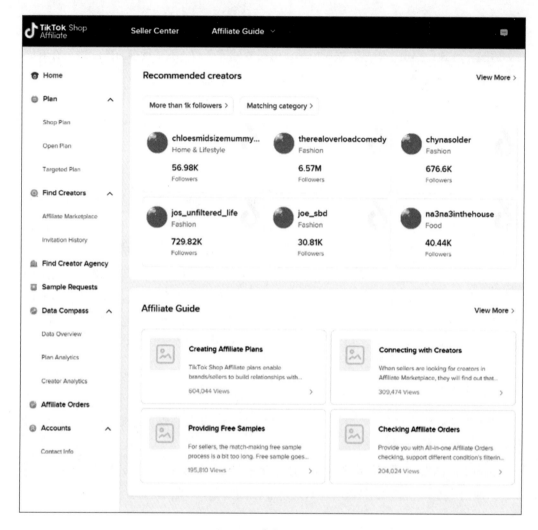

图 5-21　带货联盟界面

　　界面上方的 Recommended creators（精选达人）是系统推荐的与卖家上架的产品相关的达人。我们可以点击右侧的 View More（查看更多）或左侧的 Find Creators（寻找达人）栏内的 Affiliate Marketplace（达人广场）进入达人广场主界面，如图 5-22 所示。

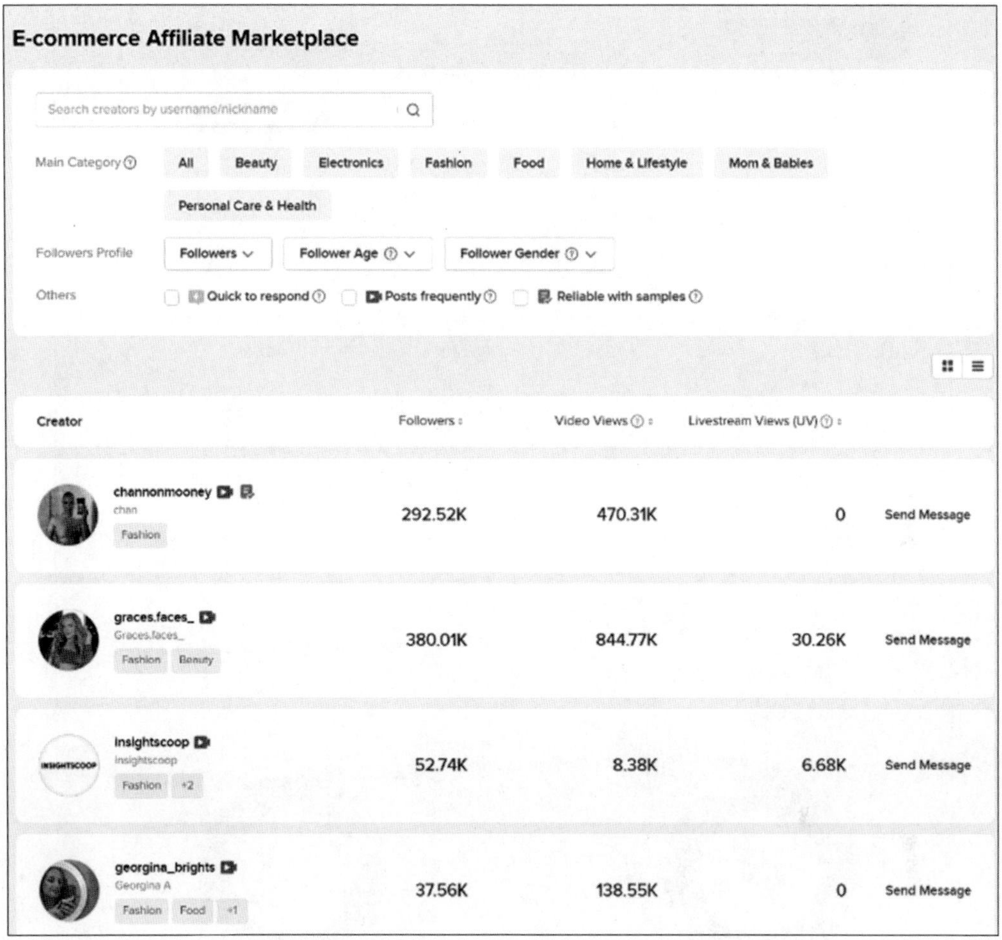

图 5-22　达人广场主界面

　　在上方的搜索栏中，我们可以根据达人名字或网名来搜索达人，在搜索栏下方可以按主营类目对达人进行筛选，再下方可以分别以粉丝数目、粉丝占比最高的年龄段、粉丝占比最高的性别来进行筛选，最下方可以分别以达人查看和回复消息、更新视频频率、达人带货履约率由高到低对达人进行排列。

　　接下来就是达人的数据了，我们依然可以根据达人的粉丝数目、视频总观看人次、直播浏览量来进行排序，点击达人最右侧的 Send Message（在线沟通）按钮就可以进入聊天界面与达人进行沟通。若点击达人，我们则会进入达人的详细介绍页面，如图 5-23 所示。

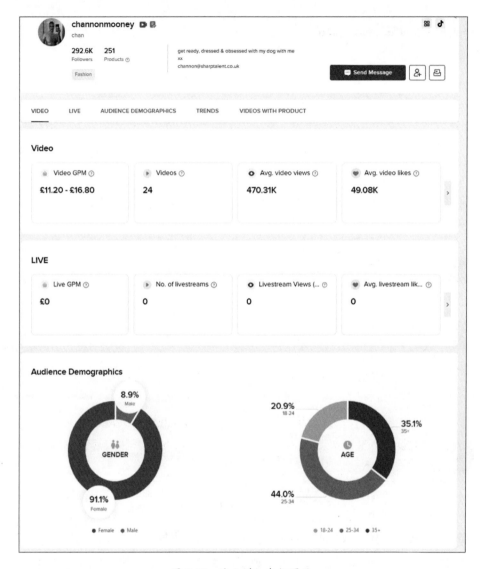

图 5-23 达人详细介绍页面

在这里我们可以分别查看到达人的视频 GPM（每一千名观众下单总额）、月上传视频总数、平均播放量、点赞量、评论量等数据，直播 GPM、月直播次数、浏览量、点赞量、评论量等数据，粉丝性别及年龄画像，达人点赞数、播放量及评论数据趋势等。

在分析完达人的各项数据之后，如果我们觉得该达人的数据及风格与我们店铺的产品需求吻合，就可以与达人进行沟通。

点击最上方达人信息栏右侧的 Send Message 按钮即可与达人在线沟通。沟通成功后点击右侧按钮进行邀约即可。邀约模式分为固定、提成、固定+提成佣金三种合作形式。也可以选择是否为达人提供免费样品。最后需要我们填写联系方式，联系方式有两种选择：WhatsApp 及邮箱，如果我们不打算积累私域流量，没有 WhatsApp 账号，那么只留下邮箱地址即可。

第三个按钮为"定向邀约"。在三个按钮上方有两个小图标，把鼠标光标放在二维码图标上，会显示该达人的二维码，打开 TikTok App 扫码便可进入该达人的账号进行关注，能观看到该达人的全部视频，点击右侧图标则会打开网页版的 TikTok。

2. 如何管理邀约计划

在达人广场主界面右侧栏目里有 Plan（计划管理）一栏，我们可以在这里操作管理我们的全部计划。邀约计划分为三类：Shop Plan（店铺计划）、Open Plan（公开计划）和 Targeted Plan（定向计划）。

在 Shop Plan 里，我们可以为全店设置佣金比例。若开启店铺计划，则该地区的店铺内全部产品都会设定为统一的佣金比例。若我们提高佣金，会立刻在店铺内生效；若降低或者关闭佣金，则会在次日 0 点生效。

值得注意的一点是，如果我们的店铺是本土店，那么开启店铺计划后，该佣金会应用在店铺内所有产品中，而如果我们的店铺是跨境店，那么需要分别为每个开通地区单独设置佣金比例。

在 Open Plan 里，我们可以创建和更改公开计划。与店铺计划不同的是，我们可以为不同的产品设置不同的佣金比例。对于希望由达人带货的产品，引流款及爆款这类利润较薄的产品，可以将佣金比例设置得较低，利润款产品可以将佣金比例设置得高一些。并且我们可以在这里选择是否为达人提供免费样品。同时，我们也可以在该页面管理已签约达人。

Targeted Plan 的操作方法与 Open Plan 相同，只不过在 Open Plan 内，我们创建的计划只能与我们选择的特定达人签约。

这里有一个小技巧：如果我们的官方经营和渠道经营 TikTok 账号总共已经满了 5 个，但是手中还有其他账号想要为该店铺产品带货，可以以定向邀约的形式与店铺签约，将产品佣金比例调到最低（1%）即可。而通常面向达人的计划佣金比例建议不要低于 10%，最好在 15%以上，这已经是个约定俗成的比例，如果我们的佣金比例设置得过低，就容易陷入找不到达人签约或签约达人质量低的尴尬局面。

3. 如何查看并分析达人带货数据

在主界面右侧栏目中有 Data Compass（数据罗盘）一栏，栏目下有 Data Overview（数据总览）、Plan Analytics（计划分析）和 Creators Analytics（达人分析）三个选项。

在 Data Overview 内，我们可以查看达人联盟的几个关键数据：带货成交金额、成交数据、订单量，在页面上方可以选择查看 7 天内、28 天内的数据，或者按自然日、自然周、自然月和自定义时间查看数据。这里还有店铺签约达人排行榜和产品销量排行榜，对于销量和评价比较好的达人们，我们可以通过提高固定佣金或佣金比例来对其进行激励，这样通常会产生超出预期的效果。

在 Plan Analytics 内，我们可以看到三类计划的数据，包括计划成交金额、成交件数及该计划下的签约带货达人数。

对于公开计划和店铺计划来说，如果我们还不能确认究竟将佣金比例设定为多少才合适，就可以通过下方列表里的数据进行分析，得出一个最适合店铺产品的佣金比例。定向计划除上述用途外，也可以分析出不同计划下的签约达人的表现，我们可以根据反馈数据来对定向邀约达人的佣金比例进行调整。

在 Creators Analytics 内，我们可以查看店铺的总成交金额、动销达人数、动销产品数、佣金支出，可以看到销量最高、GMV 最高的达人和销量最高、GMV 最高的产品，也可以查看每个签约达人的详细数据，包括签约达人的粉丝数、直播次数、短视频数、成交产品数、成交人数、订单成交数、成交金额、直播（或短视频）成交订单数（或金额）。列表中只可以同时显示 5 个指标。通过以上数据，我们可以分析出每个产品和每个达人的表现，从而调整产品的价格、活动促销折扣及对签约达人设置的佣金比例。

4. 如何与 CAP 合作

CAP 全称为 Creator Agency Partner，指的是在 TikTok Shop 上服务于卖家或品牌，开展孵化电商创作者账号（KOL）业务的公司，与我们通常所说的 MCN（Multi-Channel Network）机构类似。CAP 机构是通过旗下作者账号，与卖家进行带货合作，并以佣金等形式进行变现的机构类型。

　　与 CAP 合作的好处有很多：如果与 CAP 展开长期合作，那我们身为卖家，就等于拥有了该 CAP 机构名下所有的达人主播资源，这样可以帮我们快速与优质的达人展开合作并带货，能省去极大的沟通成本；CAP 机构比个人更加正规，所以合作起来会更加稳定，也就能保证业务增量，帮我们实现稳定变现；又因为 CAP 机构更加专业，技术力更强，所以他们也可以为卖家和达人提供更加专业的电商直播布景、脚本、话术，以及更加专业的短视频内容，这也会帮助店铺带来销量的增长。

　　我们点击主界面右侧栏目的 Find Creator Agency（CAP 榜单）即可进入 CAP 机构的榜单，如图 5-24 所示。

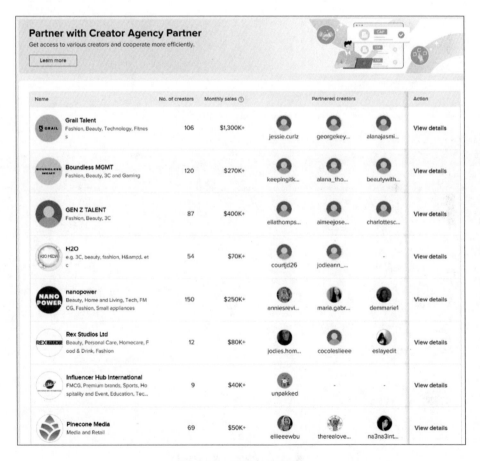

图 5-24　CAP 机构榜单

在 CAP 机构榜单界面内，我们可以查看到各个 CAP 机构的名称、主要类目、总合作达人数、总月销售额、旗下核心合作达人。

点击右侧的 View details 可以进入该 CAP 机构的详情页，如图 5-25 所示，详情页内会详细介绍该 CAP 机构的公司详情，包括公司名称、公司地址、服务范围、公司介绍、联系人及联系方式。同时也可以查看该 CAP 旗下合作达人的数据，包括达人粉丝数、带货产品数、直播平均播放数及视频平均播放数。

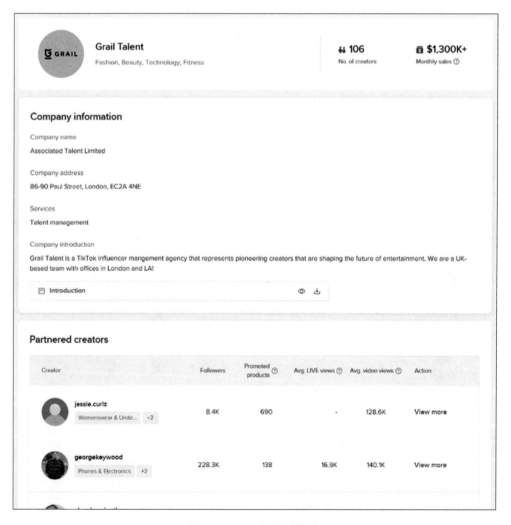

图 5-25　CAP 机构详情页

5.2.3 TikTok Shop 营销方法

对于店铺来说，官方举办的营销活动和推流活动，以及店内自行举办的促销活动，是为店铺引流的最好手段，本节会详细为大家介绍参加官方活动的方式、如何使用不同的促销工具来达到不同的营销效果。

我们在 TikTok Shop 卖家后台左侧导航栏找到 Promotions 栏展开，可以看到 Campaigns（官方营销活动）和 Promotional tools（店铺促销工具）两项服务，下面便为大家分别介绍两项服务的使用方法。

1. 如何参加官方活动

点击 Campaigns，进入官方营销活动界面，如图 5-26 所示。

图 5-26　官方营销活动界面

界面左侧为官方举办的产品和店铺促销活动，分为大型营销活动、日常营销活动、特殊营销活动，右侧为直播间的引流活动，参加以上活动可以得到官方扶持的免费流量，同时，若参加直播间活动，官方会根据活动结束后的数据排名给予卖家一定的奖励，所以，如果卖家收到官方邀约的话一定要报名。值得注意的是，除我们国内常见的促销活动和国际上的重要节日促销外，感恩节后的"黑五"（即黑色星期五，11 月的最后一个星期五）也会举行一个十分重要的官方促销活动，这个促销日在国外尤其是欧美地区的地位甚至超过国内的"618""双 11"等，所以作为卖家，我们要十分注意为这个节日的促销活动进行充足的准备，这个活动也许能为卖家带来意想不到的利润和后续流量、买家、销量的爆发式增长。

2. 如何使用促销工具

点击 Promotional tools，我们会进入店铺促销活动界面，如图 5-27 所示。

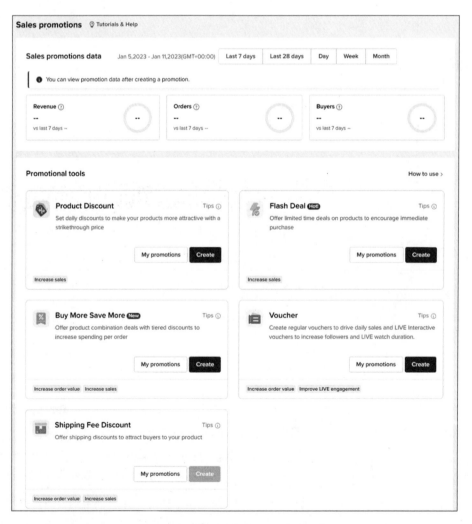

图 5-27　店铺促销活动界面

在该界面上方区域，我们可以看到已创建活动的成交金额、成交订单数及成交人数三个数据，时间范围选择也与之前的几个数据分析页面区间相同。

下方区域则是关键的五种促销工具，分别为：Product Discount（单品折扣）、Flash Deal（秒杀促销）、Buy More Save More（多买优惠）、Voucher（优惠券）及 Shipping Fee Discount（运费折扣）。

1）单品折扣

单品折扣是可以给产品设置促销折扣的卖家营销工具，折扣有两种形式——百分比折扣（如降价 30%）和一口价折扣（如原价 30 英镑，现一口价 19.9 英镑）。

这里需要注意：

（1）当卖家为产品设置了多个折扣时，在 TikTok 用户视角只能看到优惠力度最大的价格，卖家无法叠加折扣优惠。

（2）卖家折扣价和秒杀价也无法叠加，若同时设置了两种单品促销活动，在 TikTok 用户视角只能看到秒杀价。

（3）卖家折扣价和平台的爆品补贴可以叠加优惠。

（4）卖家单品折扣是作用到整个产品上的，所以说如果产品设置了一口价折扣，那么这个产品下的所有 SKU 都会以同一价格进行促销。

（5）百分比折扣最多只能设置为原价的 30%。

全部设置好之后，用户就能在 TikTok App 上看到我们产品的原价及划线价了。

2）秒杀促销

秒杀促销是限时促销的卖家营销工具，卖家可对特定产品在特定时间内设置秒杀价，在有限时间内用户可享受秒杀价。它通常在产品上新、打造爆款、清仓甩卖以及直播带货举办限时抢购活动的时候使用。

对于限时秒杀我们需要注意的是：

（1）同一时间段内，一个产品不能设定多个限时秒杀活动。

（2）秒杀价无法与卖家折扣价叠加，若同时设置以上两个促销活动，在 TikTok 用户视角只能看到产品的秒杀价。

（3）秒杀价无法与平台的爆品补贴叠加，若同时设置以上两个促销活动，在 TikTok 用户视角只能看到秒杀价。

（4）卖家秒杀价也是作用到整个产品上的，如果产品设置了秒杀价，那么该产品下的所有 SKU 都会以同一价格进行促销。

（5）参加秒杀活动的产品秒杀价不能高于 30 天以内该产品除了之前秒杀价外的最低售价，如果我们的产品是上新品 0 销量，那么秒杀价必须要小于该产品的原价。

（6）秒杀活动的持续时间被限定在 72 小时之内。

（7）秒杀活动的开始时间以市场当地时间为准，千万注意不要设定为北京时间。

（8）很多时候参与秒杀活动的产品利润都很薄，为了引流，秒杀价有时候甚至会低于成本价。所以，为防止有"羊毛党"大量购买我们的秒杀产品，我们可以为产品设置限购数，但是要注意，假如我们为产品设置每人限购 1 件，那么在多 SKU 的情况下，用户可以购买该产品下每个 SKU 的产品各一件，而不是仅可购买一件该产品。

3）多买优惠

多买优惠是一种基于订单的促销工具，供卖家在满足特定购买条件后对选定的一组产品设置折扣。该工具所配置的活动允许用户在从选定的产品池中购买一定数量的产品后获得折扣（购买 X 产品，获得 Y%折扣）。它通常在清仓销售、互补品捆绑销售中使用，多买优惠最大的好处就是，可以在维持主产品原价不变的情况下提供一种较为灵活的优惠。

这里我们要注意的是：

（1）多买优惠下产生的优惠全部由卖家出资。

（2）目前我们只能选择"购买 X 产品，获得 Y%折扣"这一种促销模式。

（3）我们最多可以设置两个层级的折扣力度，第二层级的折扣力度必须大于第一层级。

（4）与秒杀活动相同，在这里我们同样可以设置每人限购次数，但是只能选择开启或关闭"每个用户限购一次"选项，不能设置其他次数。

（5）每个店铺最多可以设置即将开启和已经开启的多买优惠活动共计 10 个，参与活动的产品最多只能有 1000 种。

（6）TikTok 会在某些特定日期举办官方的多买优惠活动，如果我们在设置了店铺多买优惠的情况下又参加了官方举办的活动，那我们的多买优惠活动生效于官方的多买优惠活动之前。假设我们的产品定价为 10 英镑，用户同时下单了 2 件该产品，我们设置的店铺优惠政策是满 2 件减 20%，同时我们又参加了官方满 2 件减 10%的优惠活动，那么用户需要支付的费用为 2×10×0.8×0.9=14.4 英镑，在这优惠的 5.6 英镑里，我们店铺需要承担的费用为 2×10×20%=4 英镑，官方提供的补贴为(20−4)×10%=1.6 英镑。

（7）TikTok Shop 官方也会推出爆品补贴的优惠活动，但是这种官方的爆品补贴活动却生效于我们店铺的多买优惠之前。同样以产品定价为 10 英镑、用户购买 2 件该产品为例，官方爆品补贴为一件 2 元，我们设置的店铺优惠政策为满 2 件减 20%，那么买方需要支付 (10−2)×2×80%=12.8 英镑，在这优惠的 7.2 英镑里，官方提供的补贴为 4 元，我们店铺需要承担的费用为 3.2 元。

4）优惠券

优惠券便很好理解了，它的应用途径极广，可以满足店铺不同营销目标的需求。这是一种利用消费者领取消费券后产生"厌恶损失"的心理带来成交的十分有效的促销手段。同时，在直播间发放优惠券，也可以增强直播间的互动程度以及粉丝黏性，为我们的 TikTok 官方及渠道运营账号或店铺签约达人的直播间带来整体数据的提升。

对于优惠券也有以下几点需要注意的事项：

（1）优惠券产生的成本同样由我们自己承担。

（2）我们可以发放一种名为"直播间互动券"的优惠券，该优惠券可以设置延迟（1 分钟、3 分钟、5 分钟）领取，同时可以绑定多种互动任务。这样做可以极大程度上提高目标用户在直播间内的停留时长，从而进一步提高成交量。这种优惠券仅限于官方和渠道运营 TikTok 账号（共计 5 个）的直播间使用。而对于常规优惠券，消费者可以在所有的渠道进行领取。

（3）优惠券可以与店铺或官方的全部促销活动、平台补贴等叠加，且应用在所有促销活动最后，这种折上折的力度极大，所以在我们分发优惠券之前，一定要对全部优惠活动仔细地进行计算及评估，在确认不会产生亏损后再发放。

（4）与之前介绍的优惠活动相同，在设置优惠券可使用时间时，以市场当地的时间为准。

（5）优惠券分为 0 门槛和有门槛两种类型，0 门槛的作用主要为吸引新消费者在店内进行成交，而有门槛优惠券主要用于维护用户，同时阶梯性的有门槛优惠券也可以一定程度上提升店铺的订单总金额。

（6）我们可以在创建优惠券界面选择用户可领优惠券总数，如果设置的总数大于 1，那么当用户在核销该优惠券后才可以领取第二张优惠券，而不是一次性可以领取多张优惠券。

（7）与折扣优惠相同，优惠券也分为店铺优惠券和产品优惠券，店铺优惠券可应用于店铺内全部产品，产品优惠券只可以应用于特定产品。

（8）如优惠券到期，我们可以直接在优惠券界面点击"复制优惠券"按钮，不需要重新创建新的优惠券。

5）运费折扣

运费折扣则分为两种形式：卖家承担部分邮费和卖家承担全部邮费，后者就是我们习惯说的"包邮"。在跨境电商领域，大部分产品的邮费都会在定价后标注出，所以在大多跨境消费者的心中不会像国内消费者一样拥有如"'江浙沪包邮'或'全国包邮'是理所应当的"这样的概念，而邮费对于购买中低价产品的消费者来说，的确也占用了支出中很大的比例，所以运费折扣就会对吸引消费者下单、提升订单总金额、提高销量具有很大的帮助。

对于运费折扣活动，我们需要注意的是：

（1）为了吸引用户在 TikTok 平台下单，官方会定期为用户赠送平台邮费优惠券，在用户下单的时候，默认优先使用官方发放的平台邮费优惠券，当平台的邮费优惠券全部使用完后，用户才可以使用店铺内设置的邮费优惠券。

（2）店铺邮费优惠券也同样可以与店铺及官方的全部促销活动、补贴叠加使用。

（3）店铺邮费优惠券支持为全店或指定产品使用，支持设置使用门槛，同时也支持指定地区优惠。

5.2.4 TikTok Shop 数据分析

对于电商运营来说，数据分析至关重要，TikTok Shop 为我们提供了免费的官方数据分析服务，它可以满足我们在店铺运营中的绝大部分需要。我们可以在 TikTok Shop 卖家后台左侧导航栏找到 Data Compass（数据罗盘）服务，如图 5-28 所示。

展开后我们可以看到 Data Overview（数据总览）、Livestreams Analytics（直播分析）、Video Analytics（视频分析）、Creator Analytics（达人分析）、Product Analytics（产品分析）、Service Analytics（服务分析）、Market Analytics（行业分析）、Promotion Analytics（营销分析）、User Analytics（用户分析）等 9 种分析方式。其中直播分析与视频分析会在 5.3 节详细讲解，本节主要讲解其他 7

图 5-28　Data Compass 导航栏

种数据分析。

在 Data Overview 内，我们可以查看店铺整体的成交金额、成交人数、成交订单数、访客数以及数据趋势、成交金额及产品访客 Top 榜单、自营成交金额、联盟带货成交金额的整体数据及简单的数据分析。

在 Creator Analytics 中（图 5-29）可以直观地看到联盟达人带货的各项数据，其中包含达人带货总销售额、带货达人佣金额、带货达人数量、带货产品数量。在下方列表里，我们可以看到每位达人带货产品数、粉丝数、直播场次、带货金额、佣金额等数据，并可以根据数据进行排列。通过以上数据我们可以最直接地分析出每位达人的营业表现，从而对直播进行优化。

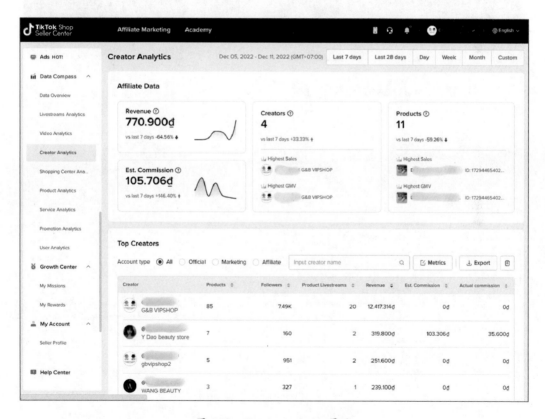

图 5-29　Creator Analytics 界面

Product Analytics（图 5-30）共有三个功能。通过最上方的实时数据可以实时监测本日店铺的成交金额、成交产品数、产品访客数、成交订单数以及产品的成交、销售、访客榜单，并能与前日数据进行对比，这样就可以及时得到反馈，如数据下滑我们能够立刻发现并加以调整，如数据上涨也能够总结上涨原因，积累经验并在后续运营中加以应用；中间的产品诊断可以帮助我们发现店铺内的哪些产品需要优化，产品问题包括：成交金额下降、流量及转化不佳、产品信息不佳、问题订单表现不佳；最下方为产品明细，在这里可以按日、周、月，从产品总体、直播、视频三个维度，查看成交金额、用户数、产品数、订单数，也可以查看视频和直播的观看人数、点击人数、曝光次数、点击次数、曝光点击率和点击成交率。

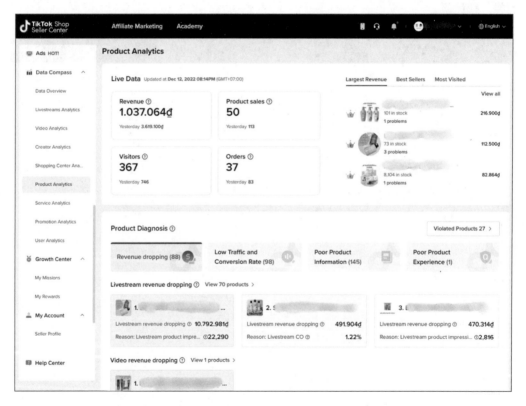

图 5-30　Product Analytics 界面

在 Service Analytics（图 5-31）中，我们可以查看到 Chat overview 内共计 4 项服务数据：（1）用户询问数量，也就是用户咨询的会话总数，用户发送文字、图片、视频、表情、产品卡片、订单卡片等类型的消息，或者点击 FAQ 卡片上的问题，都会算作发起会话；（2）客服 24 小时响应效率，在这里需要注意的是，如果店铺处于休假模式，用户发起会话的话不会计算在内，而如果用户的会话被 AI 接待并解决，则会算入数据内；（3）用户对客服的满意度，如果用户的满意度为 4 星或 5 星就算作满意；（4）客服平均首次响应时长，店铺处于假期模式的会话不计算在内，AI 接待用户也不算在客服响应数据内。在 Chat details 内可以查看 24 小时人工响应会话数、AI 接待待解决会话数、超时响应会话数及未响应会话数，在下方客服明细中可以查看每一位客服的数据，包括每一位客服的被分配会话数、需要人工响应会话数、24 小时人工响应会话数、24 小时人工响应率、超时响应会话数、未响应会话数、用户满意度、平均首次响应时长。一般企业都会有客服的考察制度，我们可以根据以上客服数据来对客服进行评估和考核，并对其进行奖惩，同时也能起到优化店铺服务质量的作用。

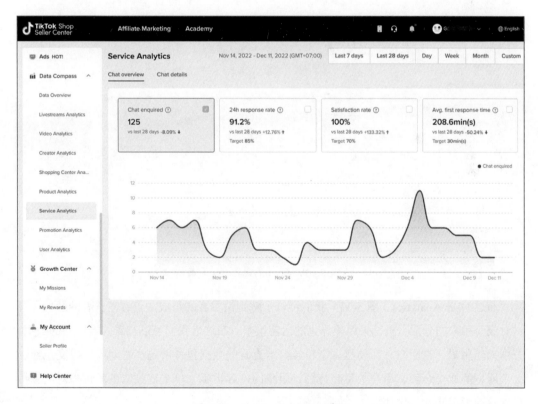

图 5-31　Service Analytics 界面

在 Market Analytics 中我们可以查看不同类目的当周与当月的热卖产品，我们可以分析出店铺内产品是否具有成为爆款的潜质，同时也可以根据热卖产品分析并预测市场走向，并且可以考虑在店铺内上架同款或类似产品。

在 Promotion Analytics（图 5-32）中可以查看我们店铺内所有的营销活动效果，包括成交金额、人数、订单数，以及营销工具榜单。

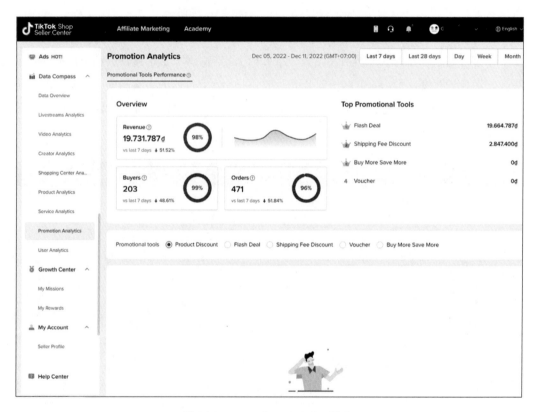

图 5-32　Promotion Analytics 界面

通过 User Analytics（图 5-33）我们可以了解到消费者的组成，查看消费者的画像。通过对成交用户的分层分析，采用差异化的运营策略。在这里我们可以查看四类用户的数据，分别为新用户、老用户、新粉丝、老粉丝。可查看的数据包含所选择时间段内成交金额、上个周期的成交金额、用户数量趋势图、用户的内容贡献（单个视频或单场直播对店铺用户规模的贡献）、用户画像。

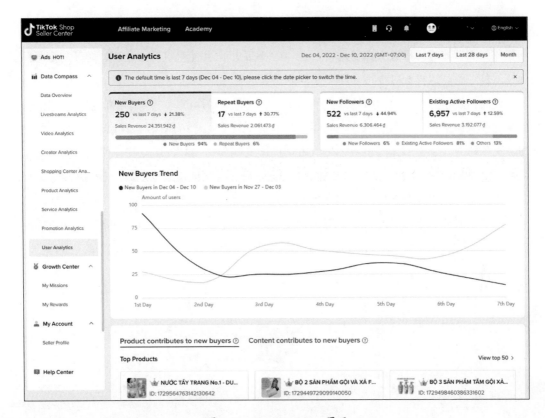

图 5-33　User Analytics 界面

在这里要注意以下两点：

（1）只要在所选时间段内，最早一天往前一整年内未发生交易，并且在所选周期内发生交易的用户，就会被判定为新用户，反之则为老用户。

（2）同一个用户可能在所选时间段内，在多个视频或多场直播中产生观看行为，所以可能会有单个内容贡献数据加起来超过 100%的情况发生，这并不是系统计算错误。

5.2.5　TikTok 账号操作详解

1. TikTok 账号的注册及设置

TikTok 账号的注册流程较为简单，这里就不再赘述。值得注意的是，与注册 TikTok Shop

账号时一样，注册 TikTok 账号的时候推荐使用谷歌邮箱或 Outlook 邮箱绑定账号。而为方便操作及运营账号，推荐大家使用 iPhone 或谷歌手机，并使手机系统语言、时区与账号所属国保持一致，这样会减少很多不必要的麻烦。

此时需要检查一下我们所注册的账号所属国是否为目标市场，点击"绑定手机"按钮，如果在输入框前区号所代表国家与目标市场相同，说明账号所属国与目标市场相同（如注册英国区账号，那么绑定手机界面输入框前的区号就为"+44"，所以在注册账号时需要记住我们账号目标市场的区号）。如果发现不相同，则需要注销该账号重新注册，建议连同原 TikTok 账号下所绑定邮箱账号一同注销并重新注册。

注册好账号后我们点击 App 主界面（图 5-34）右下角 Profile 按钮，再点击头像下方的 Edit profile 按钮就可以进入 TikTok 的用户资料界面了。

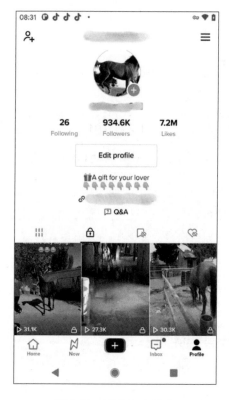

图 5-34　TikTok 主界面

填写用户资料（图 5-35）之前要注意的是：与抖音号不同，TikTok 号可以填写 Name

与 Username 两个用户名称。在 Name 栏内我们可以填写真实姓名，如果不想暴露真实姓名，也可以填写我们的英文名或其他任意的人名。而在 Username 栏，对于希望走亲民路线的卖家，想以个人身份为大家推荐好物，那么可以随意一点，填写一个能够吸引粉丝的有趣网名就好。而如果想让账号专业化、官方化一些，就以企业或卖家的身份介绍产品属性或功能，也可以通过直接填写店铺名称来表示这是 TikTok Shop 店铺运营的官方或渠道账号，这样也可以提升粉丝的信任度。最上方的头像和视频位置既可以上传个人形象，也可以上传企业 LOGO 和简介视频，同样也能提升粉丝的信任度。

图 5-35　用户资料界面

在 Bio 中可以填写个人简介，同样，如果账号想以个人身份为大家推荐好物或想将粉丝引流到私域账号（如 WhatsApp、Instagram、Facebook、Twitter 等社交媒体账号），那可以在其中填写详细的自我介绍，并附上自己在其他平台的账号。如果希望以企业或卖家的身份运营账号，也可以在个人简介内填写公司或店铺的介绍、主营类目、产品特色等信息。

Website 一栏只能填写网址，填写网址后，网址就会直接显示在我们账号的简介下方，粉丝点击该网址就可以直接进入我们的网站。可以填写企业官方网站网址或独立站域名。前文提到过，只有粉丝超过 1000 个的账号才能绑定网址，如果想以官方或渠道运营账号的身份绑定 TikTok Shop，则不需要任何条件，但若希望绑定店铺的同时绑定独立站，也同样需要粉丝超过 1000 个。

在 Nonprofit 中，我们可以选择官方提供的非营利组织进行绑定，为慈善事业做一点贡献当然也是一件好事。

而在最下方的 Category 中，可以选择账号的类别。

在填写完用户资料后，就可以上传短视频或开启直播了。上传视频和开启直播的方法与抖音相同，来到 TikTok 主界面，点击最下方正中间的加号图标即可。

2. TikTok 账号的数据分析

点击主界面右上方的三条横线，我们可以进入设置页面，如图 5-36 所示。

图 5-36　TikTok 设置页面

点击 Analytis 按钮，进入账号数据分析界面（图 5-37），在这里，我们可以查看到账号的视频、粉丝、直播等重要数据。

图 5-37　总数据分析界面

在 Overview 一栏，我们可以查看账号在选定时间范围（日、周、月）内的视频、详情、点赞、评论、转发数据，并计算出与上一个周期相比的增长或降低比例。在下方可以看到我们 TikTok 账号的粉丝数目与粉丝上涨数目。

通过以上数据可以看出近期账号的表现，并根据数据反馈对账号视频进行优化，如果各项数据都在稳定上涨，则说明近期的视频表现良好，此时需要分析视频风格、内容、原素材、出境模特、脚本文案、BGM 等方面优势并加以沿用和提升，反之则需要将选择时间范围内视频与上个时间周期所发布的视频进行对比，分析出不足并及时进行优化调整。调整后到下个周期再次查看数据分析，重复以上步骤，直至连续数个周期的数据都显示增长，便说明账号风格与定位已固定，此时发布的视频都会得到官方的稳定推流。

但是要记住一点，粉丝及大众的审美和喜好会随着时间的推移而有所改变，在 TikTok 上流行的 BGM、视频风格乃至爆款产品也都会更新换代，所以当发现账号数据在经历一段时间的上升以后进入了平稳期甚至有所下降，那我们就需要考虑更新视频拍摄及文案风格了。

对粉丝数据的分析也十分关键，我们点击上图中的 Followers 即可进入粉丝数据界面（图 5-38），在该界面内我们可以查看到每日的粉丝数走势、总粉丝数、粉丝上涨数以及粉丝画像等数据图表。

图 5-38　粉丝数据界面

值得注意的是，粉丝上涨数与新增粉丝数所代表的含义不尽相同，后者仅代表某时间段内新关注我们 TikTok 账号的粉丝数量，并没有将取关（取消关注）粉丝数计算在内（新增粉丝可以在主界面下方 Inbox 内查看）。所以将两数据相减，我们便可以算出该时间段内取关我们账号的粉丝数量。

所以即使一个账号粉丝数上涨，也并不等同于该账号的取关粉丝数少，反之，账号粉丝数下降，也并不等于该账号的新关注粉丝数少。所以运营人员不能只看到账号的总粉丝数上涨就沾沾自喜，同样，也不能仅因为账号总粉丝数下降就感到失落，因为虽然账号的取关粉丝数较多，但有可能新关注的粉丝也不少。所以这时候依然需要冷静下来分析粉丝取关的原因和新粉丝的关注原因，并加以优化调整，要知道，吸引新粉丝固然重要，但也绝不可以停止对老粉丝的维护工作。

3. TikTok 账号提现

TikTok 的变现手段目前有四种：短视频带货、直播带货、直播打赏以及创作者基金。其中创作者基金是官方为了激励达人发布优质视频、并吸引新的创作者入驻 TikTok 而推出的激励政策，粉丝数量越多，视频播放、评论、转发等数据越好，官方赠送的基金金额也就越高。那么如何将账号内的收入提现呢？

在 TikTok 设置界面内点击 Balance 按钮可进入账号钱包界面（图 5-39）。

图 5-39　用户钱包界面

界面第一栏为 TikTok 金币数量（与国内抖币相同，用于直播打赏等），右侧按钮为兑换金币按扭。

第二栏为直播打赏收入，开启直播后主播在直播间收到礼物金额的 50%会转化为主播的打赏收入，另 50%为 TikTok 官方的分佣，这里主播获得的收入为税后收入。

第三栏为包含创作者基金在内的全部收入。

提现前所需要准备的资料较多，我们不仅需要绑定在该 TikTok 账号所在地申请的银行卡（需要 Visa 或 MasterCard 卡），还需要向官方提供一个账号所在地的真实地址，方便官方寄送材料。在准备好以上两项之后，便可以进行提现操作。

5.3 TikTok 内容营销进阶

5.3.1 TikTok 短视频营销技巧

1. 如何发布优质短视频

发布优质短视频是 TikTok 账号快速涨粉的最佳方式，同时也是为直播间引流的最佳手段，所以学习如何发布优质短视频至关重要。

短视频的分类有很多，目前在 TikTok 内占比较高的有：搞笑视频、明星视频、烹饪技术分享视频、时尚美妆视频、颜值视频、动物视频、技术流视频、街头采访视频、旅游及风景视频、娱乐视频、恋爱视频、家庭及亲子的生活分享视频、实时资讯视频、知识分享视频、游戏视频、汽车视频、财经视频、励志鸡汤视频、运动健身视频、音乐视频、影视及动漫切片和概述视频、科技创新实验视频、健康视频、好物推荐视频、好店推荐视频、情景短剧和账号直播切片视频。

作为创作者，我们要注意让自己的视频尽量做到垂直化。垂直化账号分为两种，狭义垂直账号与泛垂直（广义垂直）账号。狭义垂直账号指该账号只发布某一细分领域内的作品，而泛垂直账号则发布某一领域内及与该领域相关的其他领域的作品。以数码产品为例，我们如果做的是泛垂直账号，那账号内的视频可以测评或推荐电脑、手机、电视、投影仪乃至鼠标、键盘和特色小家电。而如果我们做的是狭义上的垂直账号，那就要在上述数码产品中仅选择一种产品进行测评和推荐，比如专注于做电脑领域的狭义垂直账号，那么我们只能发布与电脑相关的知识、不同品牌电脑的测评或推荐。若想要让账号更加垂直，我们也可以做专注于某一品牌电脑的相关视频。

狭义垂直与泛垂直账号的优势劣势都很明显。

狭义垂直账号下的粉丝要远比泛垂直账号精准，同时账号下仅有一个细分领域相关的视频也会让粉丝感受到创作者的专业程度高，能够提升粉丝对创作者的信任程度。而由于该类账号专业性强，粉丝黏性、信任度、精准度高，所以这类账号在带货时获得的佣金比例也较高。但又因为专业性强，粉丝精准度高，所以粉丝、目标粉丝和受众数量就会较少，又因其垂直度高，导致该类型账号可以接触到的推广范围缩小，愿意与之合作的卖家相较之下也会少很多。

而泛垂直账号的粉丝虽然不如狭义垂直账号那么精准，专业程度不如狭义垂直账号强，粉丝黏性和粉丝的精准度也会较低，但由于其发布视频领域较广，粉丝、目标粉丝和受众数量要远超狭义垂直账号，所以这类账号可以接触到的推广范围更广，愿意与之合作的卖家较多，但佣金比例不如狭义垂直账号高。

视频的清晰度也是重要的一环，我们上传的视频建议在 1080p 以上，最低不要低于 720p，每秒的帧数最好超过 30 帧，如果低于该数值，会极大程度上影响用户的观看体验，从而导致粉丝流失。

对于视频的 BGM，如果我们没有好的选择，也可以使用 TikTok 热门视频同款 BGM，这也会为我们的视频带来一定的流量。

至于视频的封面，可以选择视频内最好看的一帧，或者由美工自主设计视频封面，二者都是很好的选择。

2. 短视频数据分析

如何判断一段视频的质量高低？在发布视频之前，我们已经尽可能做到最优，而创作者、运营人员乃至卖家认为视频质量高只是主观判断，粉丝和观众认为质量高才算真正的高，所以想客观地判断一个视频质量的高低，还是要以数据说话。

来到 Video analysis（视频分析）界面，左侧栏就是单个视频的全部数据（图 5-40），上方五个数据分别为视频的总播放量、总点赞数、总评论数、总转发数及总收藏数，下方数据则是截止到前一日 24 点的该视频总播放时长、平均每人观看时长、视频完播率、粉丝转化数与保留率，同时也提供了以上数据相对前一日的变化。

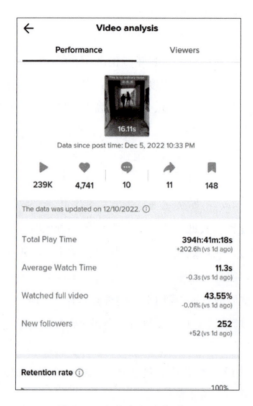

图 5-40 视频数据分析界面

拥有以上数据，我们便可以完整地分析出该视频的质量。要想制作出粉丝认可的视频，那么逐一将全部视频的数据进行归纳总结会有很大的帮助。

在 Viewers 栏（图 5-41）可以查看该视频的观众数据，包括观众总数、与前一天相比的观众数增长数、观众性别比例及观众年龄分部。在这里我们可以看到视频的热度变化，同时也能分析出视频的受众群体。逐一统计全部视频的观众数据，可以了解该账号的整体受众群体。

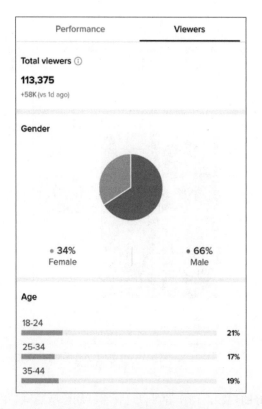

图 5-41　观众数据分析界面

如果创作者希望拿到 TikTok 的流量，除了要保持视频的优质程度之外，同时也要具备持续的视频输出能力。对于发布视频频率低和发布数量不稳定的创作者，TikTok 的流量扶持力度很低。在 Analytics 界面的 Content（内容）栏（图 5-42），我们可以查看一周内发布的所有视频和其播放量，以及该账号下的热门视频。对于新账号来说，稳定持续发布视频更容易获得流量的爆发式增长，所以在初期建议每日或每两日都要发布新视频。要注意，有些创作者认为，发的视频越多越好，这也是不对的，如果在一天之内发布了过多的视频，质量反而变差，那同样也不会得到官方的流量扶持，与其一天内花费大量时间和精力拍摄和制作多个视频，不如把一两个视频做得更加完美，并把更多的精力用在分析数据和优化流程上。

图 5-42　内容数据界面

对于数据表现不好的视频，创作者可以选择将其删除或隐藏。隐藏后视频变为仅自己可见（图 5-43），这样当粉丝或用户进入创作者主页的时候只能看到优质的、数据表现好的视频，也可以提升对创作者的信任度，对于未关注创作者的用户来说，也能起到推进用户转化的作用。

图 5-43　隐藏视频

5.2.4 节中我们提到过，在 TikTok Shop 后台的 Data Compass 中有一项服务为 Video Analytics（视频分析）。在这里我们可以查看到全部带货视频相关数据：选定时间范围内店铺带货视频数、发布视频达人数、视频成交金额、视频成交件数及以上数据的趋势；自媒体流量数据分析，包含推广流量及自然流量（官方推荐流量、他人主页、关注页面等）；官方、渠道、达人联名账号的视频详情，包含视频配文、所带货产品、发布时间、视频播放量、点赞数、评论数、转发数、视频成交金额、件数、订单数等一系列详细数据。通过以上数据，我们可以详细分析出每位达人和每个视频的效果。

5.3.2　TikTok 直播营销技巧

想做好直播，就必须在人、货、场三方面具备优势。

在直播电商领域，"人"指整个直播团队，而直播团队中最核心的则是主播和运营人员，优秀的主播可以利用优质话术和行动详细介绍产品，展示如何使用产品，吸引观众产生购买行为。而优秀的运营人员可以为主播提供实时的数据反馈和及时的场外互动，优化直播间的内容及展现。

"货"主要是指整个供应链，包括产品质量、产品特色、产品颜值、产品价格、物流效率、售后保障等关键因素。

"场"主要指消费者的消费场景，TikTok 用户目前处于高速增长阶段，直播带货风头正盛，官方也在极力培养用户的消费习惯，所以在 TikTok 发展的卖家和主播，相对于其他直播平台甚至电视购物和线下市场来说具有极大优势。

TikTok Live Dashboard 即 TikTok 直播仪表盘，又被大家称作直播大屏，如图 5-44 所示。需要卖家在 TikTok 后台进入并查看，主播的直播账号不能查看实时直播带货数据。仪表盘内，中间部分正上方最明显的区域为当前直播的 GMV，又称直播间交易总金额。下方 10 个数据依次代表：直播间上架产品总数、店铺总观看人数、直播间点击率、直播间转化率、直播间千次展现成交额、本场直播用户总数、平均消费金额、直播间观看人次、最高同时在线人数、观众平均停留时长。在直播中实时监测以上 10 项数据的走势，我们可以及时得到反馈，如数据表现不佳则要迅速地对直播间进行调整。

图 5-44　TikTok 直播间仪表盘

中间部分下方为产品列表，我们可以根据产品展现量、点击率、销量、销售额等数据对产品进行排列，查看本场直播数据最好的几个产品。右侧第一个趋势图展示了直播期间每一分钟的销售额及销量走势，第二个数据展示了访客来源，包括自然流量、视频引流、主播个人主页自主进入、付费流量等，通过第三个数据可以查看观众的人群分布数据。右侧上方为直播间总场观（本场直播总观看人次）、互动、分享等数据的走势，下方是直播间画面，若直播结束，可以在这里查看直播回放并下载。

在 Data Compass 的 Creator Analytics 中，我们可以看到直播间的整体数据，包括当日及昨日的直播场次、成交总金额、总产品数、总成交用户数。同时在下方可以查看每场直播的明细数据，包括单场直播的直播信息、开播时间、成交金额、点击成单率、总场观、产品曝光数，同时我们也可以通过该界面直接进入各主播达人的直播间仪表盘查看更详细的数据。

本章习题

一、名词解释

1. 内容电商

2. TikTok Shop Deposit

3. KOL

4. KOC

5. TikTok 的垂直化账号

二、选择题

1.（多选）截至 2022 年，TikTok 有哪几种变现方式？（　　　）

A. 小程序推广　　　　　　B. 直播带货　　　　　　　C. TikTok 商城

D. 本地生活　　　　　　　E. 短视频带货　　　　　　F. 创作者基金

G. 直播打赏

2.（单选）截至 2022 年底，TikTok 还在哪个国家被封禁？（　　　）

A. 日本　　　　　　　　　B. 美国

C. 印度尼西亚　　　　　　D. 印度

3.（多选）以下哪些公司与 TikTok 有（或曾有过）合作？（　　　）

A. Instagram　　　　　　B. Shopify

C. 沃尔玛　　　　　　　　D. 亚马逊

4.（多选）推荐使用以下哪几种邮箱注册 TikTok 账号及 TikTok Shop？（　　　）

A. QQ 邮箱　　　　　　　B. 163 邮箱　　　　　　　C. 谷歌邮箱

D. 自有企业邮箱　　　　　E. 新浪邮箱　　　　　　　G. Outlook 邮箱

5.（单选）TikTok Shop 官方合作的支付平台是什么？（　　　）

A. Alipay　　　　B. TikTokPay　　　　C. PayPal　　　D. Payonner

6.（单选）下列关于 TikTok 账号运营的注意事项中，哪条是正确的？（　　　）

A. 不建议使用安卓手机运营 TikTok 账号

B. 运营手机的系统语言需要使用中文，时间要使用北京时间

C. TikTok 不可以引流到站外

D. TikTok 账号粉丝超过 1000 个后才可以直播带货

7.（单选）账号快速涨粉的最佳方式是什么？（　　　）

A. 用一张吸引人的图片作为头像

B. 起一个好听的网名

C. 稳定持续地发布优质短视频

D. 视频文案内加带 Tag

三、填空题

1. TikTok 通常被大家称为_____。

2. 2020 年 10 月，TikTok 与_____合作，从此 TikTok 开始涉足电商领域。

3. 2020 年 12 月，TikTok 与_____合作，TikTok 官方邀请了平台内的知名网红，这也是 TikTok 在平台内第一次试水_____。

4. 2021 年 4 月，TikTok 开通 TikTok Shop_____站，这成了 TikTok 布局欧洲市场的第一大本营。

5. 在产品上架之前，必须要_____。

6. 产品的主图和白底图不能带有_____。

7. 达人分为_____和_____。

四、简答题

1. 两种垂直账号的差异有哪些？

2. 在注册 TikTok 跨境店之前我们需要做什么准备工作？

3. TikTok 的促销工具有几种？分别是什么？

第 6 章

海外国家营销节点
以及旺季营销策略

6.1 各个国家的营销节点

对跨境电商而言，全年的营销节点至关重要，利用好在营销节点时海外用户对产品的需求量暴增这一时机，不仅可以为卖家带来超额利润，还可以借势进行品牌海外营销和推广，扩大品牌知名度。一方面，营销节点自带流量属性，用户自愿购买的意愿非常强烈，通过店铺促销等营销手段可以撬动大量的自然流量。另一方面，利用当地的节日文化属性，使产品与文化产生共鸣，迅速拉近与用户的距离，促使用户对产品产生好感。

因此，熟知目标市场的营销节点，是每一位跨境电商卖家都需要重视和把握的关键点。本节内容会为大家介绍各个国家的营销节点。

6.1.1 北美地区重要营销节点

1. 新年

北美国家将每年的 1 月 1 日定为新年，也就是我们说的元旦。美国人也非常重视新年，在新年当天，费城会举办化妆游行，人们会扮演成各种角色，组成各有特色的方阵，伴随着花车载歌载舞。在纽约时代广场，跨年夜当天更是热闹非凡，巨大的水晶球伴随着跨年倒数，在纽约时代广场的上空降临，盛大的光影特效和彩纸漫天飞舞。在加州，人们会举办玫瑰花车游行，这项活动起源于 1890 年，所以对加州人民来说是一项历史悠久又盛大的新年活动。此外，美国人还喜欢在新年来临之际许下新年愿望，比如希望新的一年可以身体健康，更加苗条，或者可以升职加薪等。在加拿大，新年之际也会举办一场拥有百年历史的活动，参与者会穿着形形色色的泳衣进行冬泳以庆祝新年的到来。因此北美地区新年期间的热销品包括动漫人物服装、装饰品、鲜花、香槟、冬泳装备等。

2. 情人节

每年的 2 月 14 日俗称为情人节，虽然情人节不是美国的法定假日，但很多美国人也会比较重视。在这一天，一般男主人会举办家庭晚宴，有的也会单独邀约妻子外出赴宴，丈夫或男朋友还会提前准备好鲜花、首饰、包、化妆品等妻子或女朋友喜欢的礼物，来博取女性的欢心。因此情人节是我们跨境卖家一个重要的营销节点，需要提前准备热销品，例如化妆品、包、首饰、香槟、巧克力、香水等礼品，图 6-1 所示是亚马逊平台情人节礼品。

图 6-1　亚马逊平台情人节礼品

3. 美国总统节

美国总统节在每年 2 月的第三个星期一，在这一天多个州的州政府都会举办庆祝活动，因此也会采购很多节日庆祝用品，跨境卖家也可以在此时进行促销特卖。

4. 复活节

复活节是在每年的春分月圆后的第一个星期日。在西方国家中，复活节是一个非常重要的基督教节日，象征着重生和希望。在这一天西方国家的人们会穿着奇装异服，化上奇异的妆容，戴上面具，到街上游行，载歌载舞，庆祝耶稣的复活。复活节的食物也很有特色，必不可少的就是复活节彩蛋。鸡蛋在西方人眼中意味着重生和生命的希望，人们用五颜六色的彩笔在鸡蛋上面画出自己喜欢的图案。美国白宫还会举办滚彩蛋的活动，这也深受美国人民的喜爱。因此复活节的畅销品包括贺卡、节日装饰品、节日小礼品、特色彩蛋、牛羊肉、鲜花等。

5. 母亲节

母亲节在大多数国家被定为 5 月的第二个星期日。为了颂扬母爱的伟大，孩子们会在母亲节的时候送给母亲贺卡、鲜花、珠宝首饰、巧克力、服饰等。还有很多家庭会在家中举办一场特别的晚宴来感谢母亲。对于跨境卖家，要在节日前准备母亲节畅销品，如珠宝首饰、节日装饰品、酒水、贺卡、服饰、箱包等。

6. 美国独立日

美国独立日也是美国的国庆日，在每年的 7 月 4 日，是美国非常重大的节日。在这一天，美国的街头挂满了美国国旗，人们也会盛装打扮，穿戴着有美国国旗图案的衣服帽子。而这些产品，尤其是美国国旗，大部分都生产自中国，因此对于我们中国的跨境卖家来说独立日是一次非常好的促销时机。按照美国当地的风俗习惯，除了"黑五"大促以外，商场也会在独立日促销各种产品以供人们采购。对于跨境卖家来说，除了提前准备美国国旗类饰品、服饰、演出道具等，还可以准备一些户外露营用品，例如烤肉架的需求量也会在独立日来临之际增长，因为很多美国家庭会在节假日举办家庭聚会，烧烤食品、酒水也是必不可少的。

7. 劳动节

美国人在每年 9 月的第一个星期一过劳动节。在这一天也是美国人的法定假日，美国人一般会举行游行、集会来表达对劳工的尊重。节日装饰品、美国国旗等产品也成了节日必需品。一些美国家庭也会在这一天邀请亲朋好友一起在家中烧烤聚餐庆祝节日，烧烤炉等周边产品也成了热销品。

对于加拿大人来说，9 月份的劳动节和孩子们的开学时间重叠，因此家长们通常也会采购很多学习用品，因此跨境卖家也要借机促销文具类用品。

8. 万圣节

万圣节是每年的 11 月 1 日，也是西方国家非常重视的节日。万圣节期间，正值苹果收获的季节，所以在这个时候，家家户户都会给孩子做苹果太妃糖，但随着社会节奏的加快，很多家庭选择直接购买这样的苹果太妃糖。南瓜派也是万圣节必不可少的食物，南瓜灯更是这个节日的象征。

在美国，万圣节时家家户户都会购买糖果、南瓜灯、幽灵食品、面具、服装道具等。晚上，小朋友们会提着独具特色的南瓜灯，挨家挨户要糖果，如果主人不给糖果，他们就会制造麻烦，这就是"不给糖就捣蛋"活动。

在加拿大，大人孩子都会在万圣节的晚上打扮成可怕的样子，挨家挨户要糖果。有些地方还会举办鬼街剧场、乐队演出、鬼怪时装秀等。

因此对于跨境电商卖家来说，万圣节是一个很好的节日营销节点，可以对鬼怪装饰品、服饰、化妆道具、南瓜灯等节日畅销品提前备货和上架，通过平台的促销活动进行营销。图 6-2 所示是万圣节亚马逊平台上售卖的万圣节特色礼品。

图 6-2　亚马逊平台万圣节特色礼品

9. 感恩节

感恩节也叫作火鸡节，在美国是每年 11 月的第四个星期四，假日一般会从周四持续到周日。在美国和加拿大，每个家庭的餐桌上必不可少的食物有火鸡、南瓜、甜山芋、红莓苔子果酱等。各地也会举办节日化妆游行、戏剧演出、游戏活动，举国上下热闹非凡。在这一天，美国的商场都会推出大促或优惠活动，也意味着圣诞购物旺季从这一天就开始了，在巨大优惠力度的吸引之下，人们早早地去商场抢购心仪的产品。在加拿大，感恩节的风俗习惯与美国类似，但日期是每年 10 月第二个星期一。

跨境卖家一定要高度重视感恩节，这是黑色星期五和圣诞节购物热潮的开端，卖家可以根据节日热销品进行选品和数据分析，制定好促销优惠策略，火鸡等食品、厨房用品、户外烧烤用品、电子类产品、服饰等都是不错的选择。

6.1.2 东南亚地区重要营销节点

近年来，由于 RCEP 协定的落地，背靠中国强大的供应链优势，东南亚跨境电商市场迅速崛起，以跨境黑马的姿态进入大众的视野。面对如此巨大的消费市场，中国的跨境卖家应该顺应东南亚数字经济蓬勃发展的趋势，完善电商布局。

东南亚市场与其他的跨境市场相比较，与中国有更强的文化相似性，许多节日也与中国的节日相似，这一点也为中国跨境卖家的选品与运营提供了便利条件。

1. 春节

春节是农历的正月初一，受中国传统文化的影响，很多东南亚国家都将春节定为法定假日，春节也是当地华人最重视的节日之一。这些国家的人会在春节来临之际购买年货，包括灯笼、福字、对联、衣服、零食、年画、彩灯等产品。例如我们在 Lazada 平台马来西亚站搜索春节装饰品，结果如图 6-3 所示。

很多中国卖家在春节来临之际会把握好商机，将我们本土流行的春节装饰品卖到东南亚地区。值得一提的是越南地区的春节畅销品还有桃花和金橘树，桃花在当地有辟邪的民间说法，金橘树则意味着发财和好运。

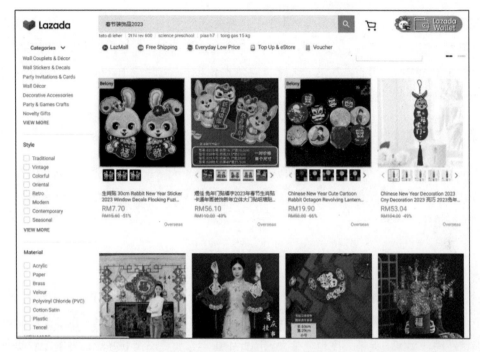

图 6-3　Lazada 平台春节装饰品

2. 斋月和开斋节

斋月和开斋节是穆斯林的重要节日。斋月是指伊斯兰历的第 9 个月，对穆斯林来说其购物的热潮相当于北美的"黑五"和我们的"双 11"。从跨境平台给出的数据可以看出，斋月前美妆类、沐浴类产品的销量持续走高。除了生活必备的沐浴露、洗发水等，沐浴工具的销量也开始增长，一些美容仪器类、彩妆类产品销量也会增加。同时受欢迎的还有穆斯林风格的贴画、彩灯等。

还需要关注的一个品类就是服装类，开斋节前人们会购买新衣和时尚品。最受穆斯林喜欢的节日服饰是传统与时尚并存的款式。跨境卖家可以在长袍的基础设计之上增加时尚元素，打造"端庄时尚"风。带花纹的衬衫，也深受当地男士的喜欢。

3. 中秋节

中秋节是每年的农历八月十五，是中国的传统节日。东南亚地区受中国文化的影响，很多国家也过中秋节。过中秋节当然少不了传统美食月饼，在马来西亚、新加坡、菲律宾、印度尼西亚等国家，赏月、吃月饼、看花灯都是当地的风俗。在越南，中秋节则逐渐地演变为以孩子为中心的节日，在这一天家长们会放下工作，陪伴孩子，因此有中秋元素的特色儿童玩具也是节日畅销品。

4. 新加坡儿童节

每年 10 月的第一个星期五是新加坡的儿童节，这一天家长会也放假，陪同小朋友一起过节。除了儿童玩具、儿童服装以外，学习灯、书桌、电话手表、学习机近年来也成为儿童节的畅销品。

5. "双 11"

Lazada 在东南亚市场的高度活跃，也将阿里巴巴文化带入了东南亚市场，"双 11"成了整个东南亚地区非常重要的电商购物节。"双 11"到"双 12"期间，几乎全品类产品都会有促销活动，卖家的促销力度也非常大。因此中国卖家要提前策划好活动方案，借助平台促销活动增加产品的曝光量和销量。

6.1.3 欧洲地区重要营销节点

欧洲历史悠久，各个国家的传统节日也比较多，这里只讲有欧洲本地特色的一些节日。

1. 威尼斯狂欢节

这是意大利本土的一个传统节日，也是世界上最大的狂欢节，在每年的 2 月份，一般会持续两周之久。在如此盛大的狂欢节期间，威尼斯会举办大型的花车游行，世界各地的游客和当地的居民也会戴上面具，穿着华丽的服饰一起狂欢。此时会有很多室内音乐剧和戏剧供人们观赏。在这样盛大的节日期间，购物也是必不可少的，热销品有节日装饰品、道具、服装、食品等。

2. 尼斯狂欢节

尼斯狂欢节是世界三大狂欢节之一，在每年 2 月底到 3 月初，会持续两周的时间，也是法国文化的一张名片。与威尼斯狂欢节相同之处是尼斯狂欢节也会有各种各样的文艺演出、花车游行等。尼斯狂欢节也有独特之处，每年都会有特定的狂欢主题，这对于跨境卖家来说至关重要。可以根据当年的节日主题做好品牌的创意营销广告，增加用户对品牌的亲切度。

3. 班什狂欢节和科隆狂欢节

班什狂欢节每年 2 月在比利时盛大举行。科隆狂欢节每年 11 月 11 日 11 时 11 分准时在德国科隆广场开幕，一直会持续到第二年的 2 月。跨境卖家可以充分利用狂欢节的时间段，做好品牌营销，加大对狂欢节热销品的推广，获取更多的销量。

4. 奥斯陆滑雪节

这是挪威本土的重大节日，也是世界四大冰雪节之一，在每年 3 月举行。世界各地的滑雪爱好者会来到挪威，参与当地举办的国际跳台滑雪比赛。显而易见，滑雪用具成了最畅销的产品。

5. 女王节

女王节是荷兰非常重要的节日，在每年的 4 月 30 日。女王节的节日色彩一定是橙色，在这一天，人们会穿着橙色系的服饰，也会将大街小巷用橙色装点，人们也会在广场上载歌载舞庆祝节日。因此橙色的服装、装饰品，以及荷兰国旗等成了节日热销品。

6. 奔牛节

奔牛节是西班牙传统的宗教节日。奔牛节的活动特色就是当地人会身穿白衣服腰系红腰带，与牛赛跑或者斗牛。此外还会有很多节日演出、音乐会等，吸引大批游客前来观赏，非常热闹。所以对跨境卖家来说，7 月份的热销品名录里还应该包括奔牛节白衣服和红腰带等服饰。

7. 慕尼黑啤酒节

举世闻名的德国慕尼黑啤酒节在每年的 9 月下旬举行，会持续两周到 10 月初结束，节日期间很多德国的城市都会举办狂欢活动。人们会穿着民族特色服饰，载歌载舞。啤酒大棚里，人们看着台上的演出，在台下畅饮着啤酒，吃着香肠、烤鸡等美食，沉浸在节日里欢乐的气氛中。慕尼黑啤酒节期间，热销品有啤酒、香肠、德国特色民族服饰、节日装饰品等。

6.2　黑色星期五营销策略

感恩节是每年 11 月的第四个星期四，在这一天，各大商场都会推出大量的优惠促销活动，很多产品也会降价或打折，做年终最后一次大型促销活动。人们也会在这一天开始纷纷到商场抢购自己心仪的产品。"黑五"也是圣诞采购季的开端，人们除了会到线下的商场进行购物，也会在线上平台进行购物，各大网购平台会进行"黑五"大促销。因此作为跨境卖家，我们必须重视"黑五"这个重要的营销节点，无论是节前营销策略的制定还是节日当天的"引爆"以及节后的"续航"和售后服务，都至关重要。

6.2.1　"黑五"节前营销策略

1. 节日网站页面装修设计

可以联想一下我们中国的春节，每到春节来临之际，大街小巷的商铺都会张灯结彩，以吸引用户的光顾。这样的做法一方面能营造节日的气氛，另一方面也能告诉用户，店铺里有针对节日推出的产品和促销活动。同理，电商平台就是互联网端的商场，一样需要在"黑五"这样的节日去装饰自己的店铺。

为了展现充满吸引力的店铺门面，需要运营团队提前准备文案和素材，文案和素材可以根据自己店铺产品的整体风格进行设计，比如一家卖帽子的店铺，在准备文案时，要围绕着帽子的节日属性，"黑五"在每年 11 月的第四个星期五，帽子保暖的属性就可以放大为"给家人的礼物"。也要将店铺的促销活动非常明显地展示在店铺的主页中,使消费者在第一时间就能了解到节日活动。针对活动期间参与促销的产品,卖家可以拍摄一些预热视频,刺激消费者的购物欲望。这些视频可以通过站外的社交媒体(例如 Instagram、Facebook、TikTok 等)发布,从而实现站外引流。

国外的消费者也喜欢在"黑五"的时候选购一些礼物在后面的圣诞节和新年送给自己的家人朋友。所以卖家可以为用户做一件非常贴心的事情,那就是准备一份礼物清单和节日贺卡,这样可以增加店铺的客单价,也能更好地维护用户。

2. 邮件营销

邮件营销作为最重要的营销手段之一,在"黑五"大促节前当然也要充分利用起来。邮件的排版一定要视觉鲜明,促使消费者产生阅读兴趣。邮件的内容一定要简洁明了,最好在文案的前两行就突出邮件的目的,否则冗长的内容会让消费者失去阅读的耐心。一定要根据消费者所在地区阅读邮件的高峰时间段,择时分批次发送给目标用户,保证邮件营销有最佳的推广效果。

3. 促销产品的准备工作

卖家一定要提前准备好促销品的"黑五"促销计划表。"黑五"之前,卖家要对店铺中的所有产品进行一次复盘,总结出往年"黑五"期间以及近期所有产品销售量,调研竞品相关数据,制定产品的销售折扣,在"黑五"当天将价格降到最低,这样对于一些滞销的产品,也可以达到清库存的目的。

我们通过"黑五"促销计划表,也可以总结出哪些产品在往年的"黑五"大促中表现得比较好,这样的产品我们要提前做好备货,否则很有可能出现"爆单"的情况。对于以往表现不太好的产品,我们可以与其他产品进行关联营销和捆绑销售,以减少库存。

促销产品可以采用"秒杀"和"抢购倒计时"等营销策略,给用户营造紧迫感,促进成交。也可以为产品设置较低的库存量,当用户看到心仪的产品只剩下一件的时候,他大概率会选择快速下单。

4. 广告投放

广告作为最直接有效的营销手段，自然是必不可少的。对于大多数卖家而言，广告一般会在"黑五"节前两周开始，太过于提前则广告投入太大，太靠近节点则广告触达的用户又不够多。有些头部卖家也会在"黑五"前一到两个月就开始做站内和站外推广。"黑五"期间的广告竞争力度会增大，花费自然就会增加，因此卖家要注意提高后台的广告预算，防止广告计划在大促期间停止运行，造成不必要的损失。

6.2.2 "黑五"当天引爆销售高潮

1. 分时段促销

"黑五"当天不同地区所呈现出的消费高峰时间段也不相同，一般会集中在 9 点钟左右、12 点到 14 点、18 点到 19 点，还有 21 点到 24 点。卖家可以根据自己对应的销售市场流量峰值和销售峰值时间段，结合广告投放做好时段促销，"秒杀"是比较常用的促销手段。

2. 客服在线

"黑五"当天的用户咨询量一定会比平时多。卖家一方面要做好充分的客服人员准备，以能够及时回复用户的问题，促成成交，另外一方面也可以提前准备好平日里用户问得比较多的问题，整理好相应的回答，补充到自动回复材料库里，这可以大大缓解大促时的客服压力。

6.2.3 "黑五"节后不可松懈

"黑五"是整个圣诞购物季的开端，因此"黑五"大促的结束并不代表我们的营销工作也结束了，相反，我们要利用好"黑五"的预热，为后面的圣诞节采购做好充分的准备。

1. 筛选产品

通过"黑五"的数据，我们可以清晰地分析出表现较好的产品。这些产品就可以作为"黑五"过后广告推广、文案宣传、社交媒体推广的主打产品。针对这些产品可以保留"黑五"的促销活动，吸引更多错过"黑五"的用户，以及想要复购的用户。其他产品可以通过店铺满减、包邮的形式，结合关联营销和捆绑销售，增加客单价，减少"黑五"留下的库存。

2. 完善售后

"黑五"大促结束以后，每个店铺都会面临着售后问题，涉及物流、产品使用咨询、技术操作、故障投诉、产品破损、退换货等。如果客服团队不能及时妥当地处理好这些售后问题，那么很有可能出现差评，这是我们最不想见到的，也是对店铺影响比较大的。因此客服团队要事先熟悉相关问题的应急预案、常见问题的解答。细节决定成败，成交不等同于成功，完美的售后才是下一次成交的开始。

6.3　圣诞节营销策略

随着"黑五"的结束，另一大购物节日圣诞节即将来临。对跨境卖家而言，有了前面"黑五"带来的巨大流量，可以完善圣诞营销方案，为店铺再一次获取更多的流量，实现"爆单"做好充分的准备。

1. 圣诞元素更亮眼

为了营造圣诞节购物氛围，店铺装修应该大量采用圣诞元素，例如红色、绿色、白色、圣诞帽、圣诞老人、雪花、雪橇、圣诞袜、圣诞树、礼物盒子等，也可以拍摄一些家庭氛围比较浓郁的产品展示广告视频。通过这样的视觉冲击，刺激消费者购买产品。

社交媒体账号主页也要进行圣诞装饰，站外引流的主要来源之一就是社交媒体，很多用户对品牌的第一感知来源于社交媒体的包装营销，所以大家一定要在广告视频、图片素材和节日文案等方面多用心钻研。

2. 圣诞特色的促销产品

圣诞节是很多品牌出海的好时机，我们通常也会看到很多大品牌卖家在圣诞节时推出节日限量款产品来吸引消费者的眼球，圣诞元素的包装、新颖的造型，都会增加购买率。也有很多卖家与一些流量品牌联名推出圣诞限量产品，互助引流，实现销量增长。

平台卖家通常喜欢将产品打折销售来增加销量，但这样产品的利润也会下降。这时我们可以考虑在店铺推出圣诞大礼包，将产品做成礼物清单的形式，捆绑销售给用户，这样既有新意又不至于利润太低，表现不太好的产品也可以卖出去。也可以用圣诞盲盒的形式，推出盲盒活动，利用"赌博"心理，来促成订单。

3. 多渠道推广

常用的营销推广方式包括社交媒体营销、广告投放、网红营销、邮件营销等。社交媒体主流平台包括 YouTube、Instagram、TikTok、Facebook 和 Twitter 等。圣诞节期间，卖家可以在这些社交媒体平台发布一些产品的开箱视频、温馨的家庭使用场景视频，或者列出礼物清单，重点突出圣诞节氛围和产品在视频中的展示，视频要生动、形象、有趣，能引起观看者的情感共鸣。卖家也不可忽视当代年轻人对 KOL 的信任度，可以找与产品风格相近的、口碑较好的网红带货营销。

邮件营销自然是圣诞节前不可缺少的营销手段。卖家需要提前准备好文案和图片素材。文案一定要简明扼要、单刀直入地体现促销活动主旨，同时要营造出销售紧迫感，保留一定的折扣神秘感。邮件也要体现视觉冲击的效果，以能在短时间内抓住阅读者眼球为宜。发送邮件的时间也要根据目标用户群体阅读邮件的高峰时间段来选择，这样可以有效提高邮件营销的效率。

4. 优质服务助力成交

琳琅满目的产品早已让用户挑花了眼，那么我们的产品又如何突破重围，被用户选择呢？细节决定成败，圣诞节期间，订单的激增，让一些卖家措手不及，来不及回复用户的咨询，或者客服的态度不够积极，对于用户的提问没办法给出专业的解答，这都会对用户造成很不好的购买体验，此时用户很可能就去别家选购产品了。伴随着订单暴增的喜悦，卖家朋友们也千万不能忽视客服、支付、物流、售后等细节问题。

6.4　其他营销节点

　　跨境卖家还需要关注国际要事。2022 年，欧洲部分地区出现了能源短缺，一些商业嗅觉灵敏的跨境卖家提前预测了冬季欧洲市场"取暖神器"等产品的热销，例如"中国过冬 8 件套"，保暖内衣、高领毛衣、秋衣秋裤等保暖类产品，欧洲市场消费者主动搜索量达到了上一年同期的近 2 倍。

　　除了秋衣秋裤热卖以外，在中国特别流行的冬日必备法兰绒睡衣，在欧美的搜索量和销量激增。图 6-4 所示为亚马逊平台法兰绒睡衣。

图 6-4　亚马逊平台法兰绒睡衣

　　热水袋类取暖产品在欧洲的表现也可圈可点。图 6-5 是亚马逊平台热卖的热水袋，款式与我们国内传统热水袋相似，从评论的数量和内容可以看出，欧洲人对该产品的需求量很大，认可度也比较高。

图 6-5　亚马逊平台热卖产品热水袋

另外需要跨境卖家格外关注的还有每年的国际重大赛事，比如（夏季）奥运会、冬奥会和世界杯足球赛等。这些备受全球人民关注的重大体育赛事，会产生很多周边产品。在2022年北京冬奥会举办期间，吉祥物"冰墩墩""雪容融"火遍了全球，冬奥会的成功举办也给世界人民带来了冬季运动的热潮，其中滑雪运动深受人们喜爱，滑雪装备的需求量也大大增加，给中国卖家带来了巨大的商机。举世瞩目的2022年卡塔尔世界杯也重新点燃了全球球迷的热情，全世界的球迷都在为这场足球盛事热血澎湃，根据各大平台的热搜词可以看出有几大类产品的需求量在世界杯期间暴增，比如沙发、各国国旗、球衣、球鞋、训练设备、桌上足球等周边游戏类产品。图6-6所示为亚马逊平台世界杯相关产品。

图 6-6　亚马逊平台世界杯相关产品

对于跨境卖家来说，重大活动的营销战略一定要提前布局，如果能截取到一部分活动流量，就会给店铺带来可观的销售业绩。

1. 精准选品是流量的敲门砖

以世界杯为例，足球相关产品一定是热门品类，除此之外还有一些周边产品，例如服饰、纪念品、电子类产品、世界杯周边产品等。服饰除了热门的明星款球衣球鞋等，也不能忽视了瑜伽服、守门员手套、足球袜等。纪念品类目比较广泛，涉及奖杯、奖章、旗帜、吉祥物、玩具、哨子等。世界杯期间手机、耳机、运动手表、平板电脑、笔记本电脑、音响、电视、投影仪等设备销量也很高。世界杯周边产品的范围比较广，只要能将自己的产品和世界杯元素结合起来，就有可能截取一部分流量，比如世界杯抱枕、手机壳、鼠标垫、手办、家居用品等。

2. 巧妙营销获得流量

店铺的门面是吸引用户的第一站，所以一定要将店铺全部装修成世界杯风格，草地、足球、吉祥物、大力神杯等元素是必不可少的。

我们在做站外引流时通常会选择 YouTube、Instagram、TikTok、Facebook、Twitter 等主流平台。这些平台同样也是球迷线上聚集的地方，我们需要把社交媒体主页装修成世界杯风格。社交媒体的分享内容也要转换成与世界杯赛事相关的娱乐内容，以吸引更多球迷的关注，不要忘记在视频里带上店铺的链接，做好引流衔接。

在活动期间，卖家也可以在社交媒体发起有趣的竞猜活动和相关话题，引发话题热度，提高品牌和店铺的曝光度，最终达到引流的目的。

3. 借力于网红与直播

世界杯期间球迷们的热情高涨，此时更加容易为产品"种草"，引导冲动消费。跨境卖家要重视网红营销，此处值得一提的是，卖家可以采用 KOL（Key Opinion Leader，关键意见领袖）+KOC（Key Opinion Consumer，关键意见消费者）结合营销的方式，既有头部网红庞大的粉丝基数，也有 KOC 亲身使用带给观众的真实感，更加容易带货

可以将网红带货和卖家自带货两种形式相结合。直播间的氛围也很重要，除了装饰品

要有世界杯的元素以外，主播的衣着打扮也要有世界杯元素。在介绍产品的环节，一定要突出产品自身的优势以及世界杯元素，简单直接地引起消费者购物欲望。

最后也需要提醒各位卖家，因世界各地的文化风俗不尽相同，产品销售一定要做好调研工作，切不可引起文化冲突。另外需要注意的是有些世界杯产品涉及品牌知识产权，卖家既要保护好自己的知识产权不被侵犯，也不可侵犯他人的知识产权。

本章习题

一、名词解释

黑五

二、选择题

1.（单选）以下哪个选项不是复活节的畅销产品？（　　　）

A. 彩蛋　　　　　　B. 牛羊肉　　　　　　C. 巧克力　　　　　　D. 贺卡

2.（单选）选出你认为会在情人节热销的产品。（　　　）

A. 沐浴露　　　　　B. 化妆品　　　　　　C. 南瓜服饰　　　　　D. 牛奶

3.（单选）选出最需要美国国旗类产品的营销节点。（　　　）

A. 元旦　　　　　　B. 母亲节　　　　　　C. 万圣节　　　　　　D. 美国独立日

4.（单选）选出最适合融合中国文化进行营销的地区。（　　　）

A. 北美　　　　　　B. 拉美　　　　　　　C. 欧洲　　　　　　　D. 东南亚

5.（单选）跨境电商社交媒体的主流平台不包括哪个？（　　　）

A. YouTube　　　　B. Instagram　　　　C. WeChat　　　　　D. TikTok

三、填空题

1. 南瓜灯、怪物服饰等是_____的热销产品。

2. 伴随着订单暴增的喜悦，卖家朋友们千万不能忽视_____、_____、_____、_____等细节问题。

3. 借助网红与直播做跨境电商时可以采用_____和_____相结合模式。

四、简答题

1. "黑五" 营销策略有哪些？

2. 圣诞节营销策略有哪些？

第 7 章

数据运营

7.1　数据运营是什么

7.1.1　数据运营的定义

数据运营（Data operations）指数据的拥有者通过对数据的收集、整理、清洗、分析，将数据中的信息传递给数据使用者使用。

7.1.2　数据运营的价值

数据运营的价值在于把用户、用户行为、营销行为量化表达，是当代营销决策的根基，就像德鲁克说的，"如果不能衡量，就不能管理"，数据运营帮助企业看得全、看得深、看得清，给营销带来事半功倍的增长价值。

7.2　数据运营案例

7.2.1　拼多多数据运营

拼多多的数据运营已经渗透到骨子里，他们的成功有很多因素，这里仅介绍他们在错位竞争方面的数据化应用。

1. 人群画像圈定

近些年人们普遍在讲消费升级，中产阶级群体在逐步扩大，他们对品质的要求也越来越高，因此，淘宝、天猫、京东等电商巨头都在转变低价策略，逐步打造品质消费。可是，人口调查以及市场消费群体分析显示，高收入人群规模还是偏小，中国超五成的网民集中在三线以下城市，这类人收入较低，对价格敏感度极高。这给了拼多多一个明显的差异化竞争蓝海市场。在消费人群方面，拼多多主要确定为无网购经验、在"巨头"电商平台消费过，但未形成习惯，以及"巨头"电商平台未覆盖到的人群。

2. 产品供给的圈定

基于人群画像圈定的产品供给，一定程度上区别于"巨头"电商平台。对于非品牌以及小品牌工厂或卖家，或者在"巨头"电商平台未能获得竞争优势的工厂或卖家，拼多多无疑指明了一条新的道路。

3. 需求和供给的连接端策略

拼多多选择了微信这个大众日常使用的社交媒体，通过扩张式的社群营销，满足了这部分群体的消费心理，同时通过他们的社交关系将平台影响力扩大，是 AARRR 模式（Acquisition 用户获取、Activation 用户激活、Retention 用户留存、Revenue 商业收益、Referral 推荐传播）的典型应用案例。

7.2.2 索菲亚以数据驱动全渠道营销

索菲亚是家居定制类品牌，通过对用户到店体验、离店考虑、购买，以及后期维护等全链路的跟踪，实现数字化营销的全方位布局，在新冠疫情严峻的 2020 年还能实现 5%～15%的年营收增长。

在传统家居企业中，出货主要依靠各级分销商实现，与实际用户的距离很远，对卖给谁、卖了什么东西、哪些款式最受欢迎等数据一无所知，或者拿到的是二手信息，用户画像不清晰，用户需求把握不到位，在产品开发环节通过市场调研等方式获取信息容易本末倒置，产品的售卖自然就容易出现不贴合市场的情况。

索菲亚的大数据应用要点如下。

1. 数据获取

索菲亚通过数据参谋提供的数据理解每个环节数据指标背后的业务情况以及用户情况。

2. 数据沉淀

通过数据平台沉淀业务及用户行为数据，并留存在公司内部，以备后续长期观察分析。

3. 数据变现

销量增长：数据变现的情况很多，这里分享一个案例。索菲亚通过对购买定制家具用户的数据分析，观察到这些用户对实木床有很高的关注度，通过深度挖掘找到了大多数用户喜欢的实木床款式，最终索菲亚将最受欢迎的两款实木床放置到门店中，取得了"爆款"的效果，因为采购规模的急速增长，采购成本也有了很大的压缩空间。这样的做法比投放广告效果更好，在 2016 年给索菲亚带来了超过 1 亿元的销售额。

产业链优化：索菲亚不但在营销方面通过数据运营带来了增长，同时将数据应用到了生产运输管理中。比如业务数字化之后，发现用户从下单至收货需要耗时 25 天，除了 5 天用于运输之外，其余 20 天在生产工厂及上游生产商的工序内，这样可以让企业清晰地知道每个时间节点，也让链条上的供应商明确每个节点所需要完成的工作，帮助实现零库存，降低供应链成本，提升供应链整体效率。

7.3　数据运营的方法

数据运营由两个核心部分构成，其一是数据分析，其二是营销方案，如果把数据运营比作打仗，营销方案是运筹帷幄所依据的作战图，而数据分析是作战图背后的信息基础，两者缺一不可。

7.3.1　三个基础内核准备

数据分析主要分为数据存储、数据管理、数据应用三个阶段，如果拿金字塔做类比，它们分别处在金字塔底部、中部和顶端，如图 7-1 所示。任何一部分的缺失都会导致整个金字塔的坍塌，也就是决策错误会导致营销不成功，下面将介绍其框架及内核。

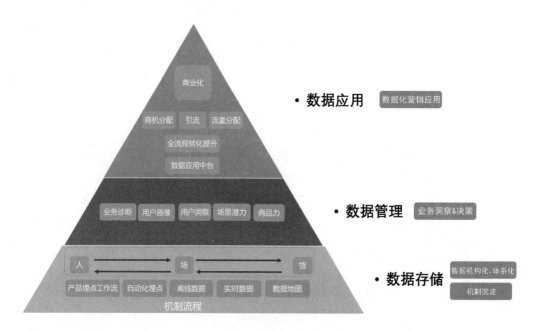

图 7-1 数据分析的三个基础内核

7.3.2 数据存储

数据存储有一套严格的流程，在数据足够丰富以及数据较为稀缺的情况下，都应该注意存储，即使在当下可能用不上，但在企业未来发展进程中的某一天，数据也可能起到极大的作用，时间不可后退，数据在未提前存储的情况下不可追溯，到那一天再想使用时就已错过时机，因此需要在企业创立之初就注意按照流程存储数据，并制定一套机制确保能持续运营。

1. 常规数据指标定义

店铺后台数据一般分为曝光、点击、访问等多种行为的数据，下面做简要分析。

1）曝光

曝光就是被用户看到，曝光数据可用来评估产品被用户看到的具体情况。利用曝光数据，在规划广告投放的时候可以判断会有多少人看到你的店铺或者产品，做站内关键词优化后，曝光数据的变化可以用来判断你是否优化成功。

曝光数据主要有三个指标。

（1）曝光 UV：指的是产品能被多少用户看到，这个数据是经过去重处理的。

（2）曝光次数：指的是产品被看到多少次，包含一个用户看到多次的情况。

（3）曝光人群：主要用来判断曝光的精准度，即看到产品的人群，到底是不是自己想要推广的人群。如果卖的是母婴用品，但是看到产品的多是 20 岁的人，你的产品很少被点击或者点击之后没有多少转化，那么这种曝光就是不精准的。

2）点击

点击数据反映的是用户在浏览器或者 App 上点击某个页面或者位置的行为，可以衡量用户看到你的内容后是否有兴趣。

点击数据主要有三个指标。

（1）点击 UV：指的是多少用户愿意点击你的内容，这个数据也是去重的。

（2）点击次数：指的是内容被点击过多少次，包含一个用户点击多次的情况。

（3）点击人群：与曝光人群的含义类似，只是评估的维度不同。

3）访问

访问数据反映的是用户在浏览器或者 App 上浏览某个页面的行为，一般是点击后产生的行为。

访问数据一般包括两个核心数据：访问时长和页面访问范围。

（1）访问时长：指的是用户在一个页面访问时消耗多少时间，也叫作停留时长，用于衡量用户对这个页面内容的感兴趣程度，在"人找货"电商平台主要衡量这个活动场景或者产品、店铺是否符合用户的喜好，在兴趣电商平台（比如 TikTok）主要衡量这个短视频或者直播是否吸引用户。

（2）页面访问范围：指的是用户在页面中访问了多少内容，比如拼多多的 App 有很多内容，但是越往后的越少用户看得到，看不到的内容就等于没有曝光。一般用户有一个阅读规律，即访问内容的路径往往呈 L 形，越靠顶部、越靠左侧，用户访问的概率越大，这是大部分人的阅读习惯，所以重点内容应该放在顶部和左侧。

如图 7-2 所示，亚马逊网站的首页模块呈 L 形布局，顶部的"All"是全类目检索，其右侧放置 Best Sellers，可以理解为卖家精选，是为了给表现好的卖家额外流量扶持，形成良性循环。

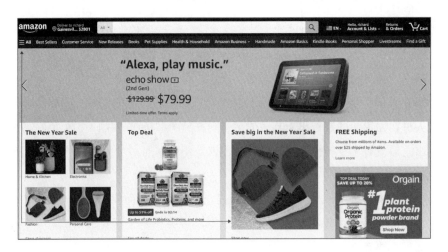

图 7-2　亚马逊首页布局

4）询盘

询盘也叫询价，英文为 Inquiry，是指为了购买或者销售某项产品或者服务，而向对方询问交易细节。对于用户来说，询盘就是向卖家咨询产品规格、价格、交付日期等内容，用于判断是否能进一步合作。询盘一般出现在 B2B 交易中，而 2C 交易中一般是现货标品，很少会有询盘这种概念。对于卖家来说，主要是对用户咨询进行反馈。

询盘一般是下单的前置环节，也可能发生在下单之后。各种质量的询盘（优质询盘、无效询盘等）的占比，可以衡量引进来的用户的质量以及产品详情展示情况。此外，从流量到询盘的转化率、从询盘到下单的转化率也是必须关注的。

询盘的核心要素包含产品价格、产品数量、包装规格、多角度细节图、生产车间视频、产品展示视频、联系方式、联系人以及公司地址等。

5）下单

下单就是用户对产品创建了订单。卖家可以通过区域聚类分析，了解产品在哪个区域比较受欢迎，以调整销售策略和产品设计。

6）转化率

转化率用来衡量两个有上下游关系的指标之间的转化效果。上面几个数据指标只能从绝对值角度衡量营销规模，而转化率能够衡量营销效果。

电商行业的核心转化率有以下几种，基于这几种可以衍生出多种转化率，衡量业务和营销的健康度和效果。

（1）曝光 UV-点击 UV：反映的是页面曝光后，有多少用户会点击页面内容。基于平台视角一般会用此项指标衡量页面内的模块设计是否合理，基于店铺视角一般用来衡量自己投放的广告效果是否优质。

（2）曝光次数-点击次数：反映的是这些内容被曝光后，内容会被点击多少次，和曝光 UV-点击 UV 转化率的区别就在于它能衡量用户对某个模块内容是否频繁点击，是否比较感兴趣，是否在不断查看对比。

（3）访问 UV-下单 UV：反映的是这些内容能让用户有多大意愿购买。但这中间还会有"漏斗"，比如一般电商平台需要用户注册并登录后才能进行下单，这也会成为影响此项转化率的因素。

（4）跳出率：反映的是进入页面的用户有多少直接离开，这里的离开一般用关闭页面或者返回上一个页面衡量，通常会有一个时间段（根据内容阅读所需时间设定，比如阅读这个页面平均需要 15 秒，峰值是 40 秒，就设定超过 40 秒用户未有滑动页面或者点击页面等操作为跳失）来衡量。这个指标很大程度上可以评估这个页面内容与用户群体的匹配度。

2. 常规数据指标分析的对象

1）店铺

店铺就是在电商平台开设的虚拟店铺，是在这个电商平台做生意的基地。店铺数据一般可以细分为多个维度的数据：店铺访问人数、店铺访问次数、搜索曝光次数、搜索点击次数、下单人数、下单数、下单金额、成交订单数、成交订单金额、点评数、点评产品数，对于 B2B 电商，还会看询盘次数、询盘人数、询盘回复率等。此外还有流量来源、流量规模等流量分析数据。

2）产品

从产品角度分析，一般看访问、点击、询盘、下单、销售等维度的数据，具体比如产品数、有访问产品数、有询盘产品数、动销产品数、零效果产品数等。关于产品有 SPU 和 SKU 两个概念，SKU 是从属于 SPU 的，指的是最小存货单位。比如"iPhone 12 手机壳"就属于 SPU，而"透明 iPhone 12 手机壳"和"黑色 iPhone 12 手机壳"就属于 SKU。

3）用户

用户数据一般看的是流量来源、用户结构、用户规模、用户偏好类目、用户偏好产品、用户来源等。用户分析和产品分析是数据分析的核心，会决定店铺或者页面内容的转化率。

4）视频

视频一般分为店铺视频和产品视频。店铺视频一般展示卖家的样品间、样板间、流水线，用于展示卖家实力，提高用户信任度，提高成交概率。产品视频一般展示产品细节。视频数、视频观看数、有效观看视频数等都属于视频数据。

关于"有效观看视频"，需要约定一段视频被播放多少可以定义为"有效观看"，每个平台对此的衡量标准不同，有些按照75%播放进度计算，有些按照30%计算。

5）直播

直播不是每个店铺都适合做的，需要看产品种类和用户习惯。比如珍珠开蚌具有观赏性，通过直播能够吸引眼球，同时展示其真实性、专业度，这种就比较适合直播。直播数据主要有观看人数、新增粉丝数、观看产品详情页人数、下单人数、支付人数、互动咨询人数等。

3. 平台视角下的数据存储机制

平台视角下的数据存储分为制定埋点框架、人工及自动化埋点、数据清洗、制作数据底表（离线数据、实时数据）、数据地图搭建五个步骤。

1）制定埋点框架

埋点，是一种网站分析常用的数据采集方法。比如对于购物车按钮，在平台代码中会打上一个"标记"，对点击购物车的行为做记录，而这个记录有时间、空间、人三个维度。

埋点框架指的是网站分析的整体框架，在制定框架时，需要从平台的商业模式，以及平台未来的发展方向开始思考。市面上很多平台其实都存在一个通病，就是当下的埋点框架不能支持未来的业务发展，其原因有一个客观因素还有一个主观因素。客观因素就是市场瞬息万变，平台的发展方向跟随市场变化是很正常的，甚至会出现新的模式，比如京东早年也有短视频运营变现，但是当时的埋点对象可能只有产品曝光UV和点击UV，没有视频播放时长、视频播放暂停点、视频类型、视频主图类型等，当时的埋点框架是基于传统电商模式制定的，因此不能满足兴趣电商或者内容电商发展趋势下的业务分析。因此另一个核心因素就是企业对埋点框架的主观判断，通常需要经验丰富，同时具有前瞻性认知的架构师或者数据运营人员、数据产品经理来设计。

埋点框架通常分为用户属性、产品和店铺、内容消费行为、订单交易、营收五个层面。用户属性层面是用户画像相关指标，比如用户的性别、国别、省份、城市、年龄、职业、购买需求等；产品和店铺层面包括类目、SKU、货源地、价格、库存、评价、销量、互动行为、规格参数等；内容消费行为层面包括用户与平台内频道、首页各场景、产品、视频等的互动行为，包括但不限于曝光、点击、访问、停留时长等；订单交易层面包括订单的创建、修改、支付、完结等；营收层面包括币种、销售金额、成本、手续费、税费等。

2）人工及自动化埋点

人工埋点指的是技术或者产品运营人员通过在页面链接或者 App 的日志内加入参数方式实现埋点，常用到 Cookie、IMEI、IMSI 等技术。基于业务发展需要，也会增加当前账号是否处于登录状态、访问产品次数等埋点。人工埋点的优势就是可以根据业务需要操作，更容易适配业务的需求，劣势是标准不统一，无法复制到其他场景中，维护成本高。

自动化埋点又称无痕埋点，通常出现在手机 App 中，可以帮助我们记录用户在 App 内的行为，主要是用配置项（使用范围、自定义上报事件、路由配置、页面类型）、事件（曝光、点击、访问）捕获来实现，通过标准化、配置化方式实现埋点的自动化以及统一化。

无论是人工埋点还是自动化埋点，都是为了收集数据，原则是保证数据的完整性、准确性，在资源（服务器、网站或者内存）足够丰富的情况下，埋点越完整，后期使用数据判断时就越严谨。

3）数据清洗

数据清洗指的是纠正数据底层可识别的错误，其目的在于提升数据的完整性、一致性、准确性，过滤无效值和错误值，这个环节必不可少，否则整个数据运营从底层开始就有错误，最终产出的决策就是错误的。

（1）数据错误：指的是数据获取阶段产生的数据本身的错误。比如产品 ID 在导入 Excel 的过程中，被当作数字且用科学记数法表示，这时候调整数字格式即可。

（2）数据缺失：主要体现在某些信息在获取过程中丢失或者原本就没有记录。可以想象一张 Excel 表记录每一天的销量，但是某个 Sheet 中的产品信息字段缺失时，可能整个 Sheet 的数据就不能用了。当发现数据缺失时，如果是手动获取的，就应该回溯数据获取来源，想办法补全。

（3）数据重复：指的是部分数据出现重复记录。这会导致统计过程中的重复计算，试想一个产品的销售被记录了多次，统计的时候销量被重复计算，就会导致数据分析结论错误。这种问题可以通过重复项识别解决，在 Excel 中可以通过标识重复项进行识别，如果是数据库，可以通过统计去重项判断是否存在数据重复。

4）制作数据底表（离线数据、实时数据）

数据底表，就是埋点后采集的数据存入数据库后，规范化输出的底表，可以理解为像 Excel 一样把数据按照一定规范存到了数据库内。数据底表的好处在于，可以让非技术人员比较便捷地下载，或者通过 SQL 等数据库语言提取数据库内的数据，底表框架如图 7-3 所示。

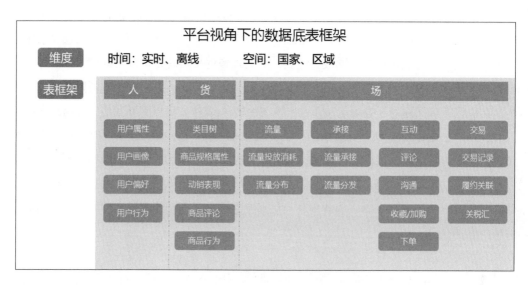

图 7-3　平台视角下的数据底表框架

由于数据底表内的数据生成需要消耗大量的服务器资源，同时维护成本较高， 般数据底表会分为实时数据和离线数据，实时数据以增量方式存储，可以理解为每秒钟或者每分钟都在往实时底表内写入数据，不会因此增加多个分区（分区可以理解为 Excel 里面的不同 Sheet）。由于数据存储量和运算效率问题，实时数据的获取时间需要合理设置，避免由于时间设置过短带来大量数据运算，在耗费服务器资源的同时延长数据监控时间。

5）数据地图搭建

数据地图指的是根据业务框架设计的业务数据底表区域，每个区域存储该业务的所有相关底表，每个区域内又有数据底表架构细分图，由此每个区域可形成一个数据地图，便于在各项业务中根据需要有目标地提取数据。

4. 店铺视角下的数据存储机制

店铺视角指的是从店铺后台数据看板中看数据的视角，平台一般将店铺和产品的"爆点"、访问、动销、评价等数据进行展示，所有卖家看到的数据维度和时效都一致，但是部分平台提供看到更多定制化数据的增值服务。

店铺视角下的数据存储分为数据收集、底表搭建、定期更新三个阶段，人、货、场三个维度，如图 7-4 所示。数据收集阶段通常通过人工或爬虫提取数据。数据底表通常分为店铺表现、产品表现、供给、进销、履约表等。数据底表一般按照每日、每周、每月的维度保持定期更新和拓展，确保数据的完整度。具体操作方法和平台视角下的数据存储机制基本一致。

图 7-4 店铺视角下的数据底表框架

5. 数据提取

通过人工或爬虫提取数据，是人工及自动化埋点之外的一种数据提取方式，无论是在平台视角还是店铺视角，都具有很高的价值。

1）人工提取数据

一般平台会提供卖家自己店铺的数据，通过缴费购买高级服务，卖家还可以获得部分脱敏的竞品或者行业数据。数据脱敏指的是为避免泄露用户安全数据或者一些商业性敏感数据，将一些数据隐藏，或者按照特定标准虚拟化，比如销量是 1000 单，可能虚拟成 2a，从而避免真实信息的泄露。但是通常情况下，即使有这些数据，也很难支持卖家对主打市场和供给做判断，因此卖家通常希望能够获得市场趋势、供给趋势、用户喜好等数据。

（1）获取来源：通过搜索引擎可以找到很多大数据公司，这些公司可以提供这类电商数据。当然，如果卖家在多个平台开设店铺，就可以对多个平台店铺数据做整合，为做判断提供一定的支持。除此之外，Google Trends、新闻平台、调研报告平台也需要关注，其能够帮助卖家输入更多市场发展信息，看得见、看得清、看得准才能提高决策的成功率。

（2）作业机制：获取、存储、管理、应用，是比较通用的数据管理机制。即使已经有数据获取渠道，也要周期性地寻找新的数据来源。而数据存储是常态化的事情，即使是历史数据也应该保留好。下一步就是管理，按照不同维度和目的，像图书馆的标签一样为数据贴上"标签"，定期订正和补充数据。最后一步就是应用，数据的价值在于支持业务决策和判断，数据也是电商营销的指南针，每一次数据输入都应该有所判断，每一次判断也要存储数据并做好管理，在策略实施后进行复盘优化，如此一来才能形成正循环，把数据做成营销的"弹药库"。

2）爬虫提取数据

爬虫又称为网络机器人，是一种按照既定规则，自动地抓取互联网上信息的程序或者脚本，如图 7-5 所示。爬虫的价值非常明显，其在行业趋势分析、竞品调研、选品、产品 Listing 准备等方面能够发挥很大的作用，可大大提升决策效率和营销效率。通常使用 Python、R 语言等工具操作，市面上也有很多爬虫工具。

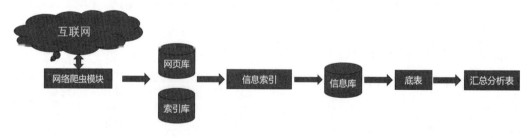

图 7-5　爬虫流程图

下面简单介绍一下爬虫的应用。

（1）行业趋势判断。先圈定店铺所在平台，再寻找对应平台的一些数据分析平台，比如蝉妈妈、欧鹭、AMZ 等，然后通过爬虫技术获取多个平台的公开数据，按照周期分区（分区指的是将多套不同日期的数据，按照日期分成多个区域，可以理解为 Excel 内的多个 Sheet），整合成自己的数据库，定期更新和分析数据，得出对行业趋势的判断。这些行业数据需要周期性维护，基于此预测未来，并不能说一定准确，但是数据越新、越完整、越有逻辑和相关性，判断准确的概率就越大。

（2）竞品调研。先锁定店铺所在平台，以及竞品店铺所在平台。这些选定的平台需要和你的目标市场相关，总不能你在美国市场，但是找的是东南亚市场的平台。然后获取这些平台内相关竞品的销量、评价等公开数据，同样按照周期分区，整合成自己的数据库，定期更新和分析，以此判断竞品店铺出新品、出爆品的逻辑。这里有一点需要特别注意，评价数据对于整个竞品的产品分析具有很强的参考性，但是由于它们都是文本类，很难做标准化分析，所以很多卖家都不会使用这部分数据。评价数据很大程度上需要考虑有效性，要把默认评价和疑似刷单的、评价字数极少的内容先过滤掉。

（3）选品。选品是电商里面最核心的内容，包括以采定销和以销定采两种思路。以采定销从供给视角切入，来决定销售什么产品，通常都是经过市场分析，发现自有供给有较大优势（比如到货极快、质量优于市面同类产品、成本报价优于市场等），能够通过差异化优势切入市场。以销定采从销售视角切入，来决定应该寻找什么样的供给，通常也是经过市场分析，发现某个市场的用户群体的需求旺盛。这种通过市场预判和快速确定供给切入市场的方式，能够基于既定需求切入市场，确定性更高。两种视角的本质都是根据市场需求判断，只是切入视角不同。无论何种方式，都需要结合行业趋势、竞品调研，以及自己的供给优势，通过数据量化及市场判断，最终选定产品。当然，选定产品不是一个一成不变的过程，中间会涉及选品、制定测试方案、快速投放、获取市场反馈、调整产品策略、制定新测试方案……如此循环往复，最终选出一批符合市场需求的产品。

（4）产品 Listing 准备。产品 Listing 指的是展示产品所有信息的独立产品页面，包含产品标题、产品描述、产品要点、搜索关键词、产品图片、分类节点等，如图 7-6 和图 7-7 所示。爬虫在产品 Listing 准备方面如何使用？其一当然是爬取分析，看看别人的产品要素为何如此设置，内容是怎么写的，其二是参考别人的 Listing 改造自己的，其三是上传内容进行铺货。这里面有很多工具能够帮助提升效率，比如你在某个平台有店铺，有些工具可以帮你一键将这些产品在另一个平台铺货。你也可以把爬取的信息存储到 Excel 等工具中，改造之后再通过工具铺货。

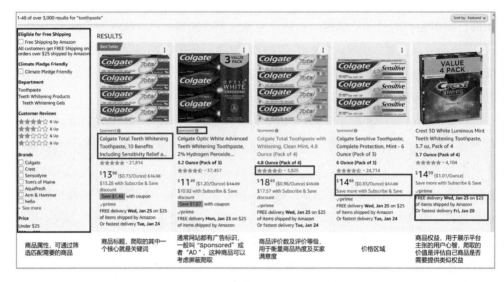

图 7-6　Amazon 的关键词 Toothpaste 下的 Listing

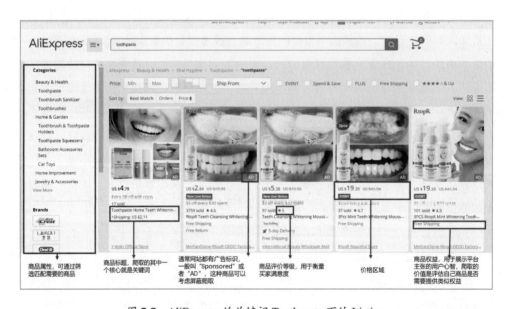

图 7-7　AliExpress 的关键词 Toothpaste 下的 Listing

应用爬虫时需要注意，由于平台规则是不断升级的，因此你的爬虫也需要不断迭代升级。基本操作步骤是书写脚本→抓取数据→抽样分析数据→评估数据完整度、准确性等→调整脚本→抓取数据，如此循环往复，不断优化爬虫能力，避免抓取内容与预期不一致。

7.3.3 数据管理

数据管理指的是存储数据之后，如何管理这部分资产，主要分为业务诊断、全链数据体系、用户洞察、用户画像四个部分。

1. 业务诊断

业务诊断指的是通过全链路数据体系，设定对应指标阈值监控数据变化，目的在于实时观测和为业务发展健康度做预警。通常使用同比、环比、目标达成率、预测达成率等指标衡量。

2. 全链数据体系

1）平台视角

全链数据体系指的是基于业务制定的数据体系框架下的业务数据看板。通常按照总分分模式设计，其核心目的在于展现业务整体情况，通过数据能够基本看出数据为什么涨，为什么跌，为什么不涨不跌。图7-8所示为平台视角全链路数据体系。

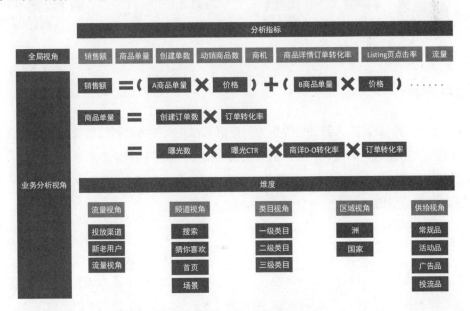

图 7-8　平台视角全链路数据体系

2）店铺视角

店铺视角和平台视角的差异明显，店铺视角主要关心自己店铺和竞品店铺，关注的颗粒度也更细。

图 7-9 所示为平台视角全链数据体系。

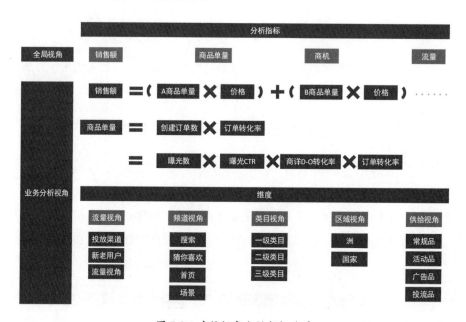

图 7-9　店铺视角全链数据体系

3. 用户洞察

用户洞察指的是基于大量分析提炼的关键信息，是支持用户画像的数据基础，能够支持业务判断和营销决策的研究。用户洞察主要包括业务和营销需求的沟通和评估、用户研究框架设计（调研问卷、采访提纲）、实操（调研问卷结果的置信处理、采访小计、整体用户研究总结及观点陈述）。

4. 用户画像

用户画像是通过分析目标用户属性（性别、身份、年龄等）、需求（类目采购需求、兴趣、价格敏感度等）、行为（购买频次、购买数量等）等，支持业务判断的有效工具。用户画像在整个电商行业内普遍使用，也是对圈定市场的基准判断。

下面介绍一下用户画像的 PERSONAL 八要素。

（1）P（Primary）代表基础性，指是不是基于真实的采访或者访谈方式获得用户信息。

（2）E（Empathy）代表同理心，指的是用户属性（公司类型、个人身份、国别、性别）、用户偏好（类目偏好、产品偏好、采购偏好、价格偏好）等的描述，能否引发用户共情，这要求采访者能够站在用户视角思考问题。

（3）R（Realistic）代表真实性，是指用户画像是否真实存在，是见过或者听过，还是凭空想象出来的。经常出现的情况就是"绘制"用户画像的人员根据自身来臆想，坐井观天，以为可以管中窥豹，没有经过充分的真实调研，这样得到的用户画像就会偏离实际，营销策略就经不起市场的验证。

（4）S（Singular）代表独特性，指的是这些特点是否能精确描述一群用户。比如"想购买低价产品的人"就比较宽泛，"想购买 10 美元以内家居好物的某国家庭主妇"就比较独特而清晰。

（5）O（Objectives）代表目标，指的是能否包含和平台产品相关的目标，可以通过关键词来衡量。

（6）N（Number）代表数量，指的是用户的量级是否合适。如果用户过少，就不符合业务发展或者营销需求，可能需要调整。如果"想购买 10 美元以内家居好物的某国家庭主妇"通过各种渠道只能触达 100 个人，这样的规模就很小，带来的价值就很低。

（7）A（Applicable）代表可用性，指的是用户画像能否支持营销策略。比如可触达渠道里面如果没有性别这个选项，那这个画像就不具备较好的可应用性，画像和业务发展策略或者营销策略匹配，才能更好地落地实施。

（8）L（Long）代表长久性，指的是用户画像的标签是否具有长期有效的属性。在业务发展阶段通常会因为市场某个趋势突然到来，而存在短期的标签，所以用户画像需要将长期有效的属性和短期属性分开，避免画像只能短期使用。

7.3.4 数据应用

数据可以应用于业务规划和营销策略制定等，主要分为引流、流量分配、交易提效、商业化四个部分，而分析的完整度、科学性则与分析视角息息相关。

1. 数据应用的四个部分

1）引流

引流指的是对外进行广告投放，从而将目标用户引入自己店铺。引流视角的数据应用核心目标是提升 ROI。ROI（Return on Investment）指的是投资回报率，通常在广告投放中，ROI=投放后产生的利润/投放广告成本×100%，小于 1 也就意味着这个广告投放效率很低，是亏本的。这里面还涉及时间问题，对于 B2B 平台或者跨境 B2B 店铺，销售不一定是当下的，从广告投放到销售需要一个时间周期，这个时间周期通常是从引流到成交的平均时间，用来衡量引流效率。

2）流量分配

流量分配也称为流量分发，指的是根据需求，把引流之后来的用户分配到对应的场景中。流量分发的目的是使引流的价值最大化，一是把用户引导到对应场景中变现，二是降低引流成本。站在平台角度，流量分配的实现方式是给用户设计动线，让用户进入平台（网页、App）后，到对应场景中消费。比如通过 Facebook 图片广告投放引入的用户，进入平台后被分配到首页某个有这类产品 Listing 的导购场景中，在里面挑选产品发生购买行为。站在店铺角度，流量分配的实现方式主要是渠道资源分配，通过参与平台活动、站内 SEO 优化、店铺装修等方式分配流量。

流量分配效率的衡量方式是转化率，通常分析的指标如下。

（1）找货型电商：引流页 UV—DUV（产品详情页 UV、店铺页 UV）—Click_UV—下单 UV—支付订单 UV。

（2）内容型电商：引流页 UV—内容 UV（直播间 UV、短视频 UV）—DUV（产品详情页 UV、店铺页 UV）—Click_UV—下单 UV—支付订单 UV。有些时候为了分析更加严谨，指标可能调整为引流页 UV—有效内容 UV（直播间 UV、短视频 UV）—DUV（产品详情页 UV、店铺页 UV）—Click_UV—下单 UV—支付订单 UV。

（3）社交型电商：和找货型电商相似，但会增加引流页、产品详情页或者店铺页的分享 UV、分享次数，会侧重关注转发分享效率。

3）交易提效

交易提效指的是提高从用户下单到支付环节的效率，数据应用在这个部分主要用来评估交易健康度。站在平台视角，通常用来分析支付通畅度，比如支付时长、支付性能、支付链路、产品动线合理性等；站在店铺视角，通常用来分析用户支付意愿，重点分析采购优惠价、交易手续费、跨境履约费、支付方式等影响用户意愿的指标。

4）商业化

指的是通过数据分析挖掘商业机会，从战略层面影响平台决策或者店铺运营方向。它的实现方式是更深层面的，一般称为 Business Intelligence，通常是发现了新的用户群体、新的用户需求、新的用户习惯、新的产品动线、新的供给机会等。

2. 三个分析视角

数据在营销视角是一个工具，是"术"和"器"层面的东西，但是要上升到"道"的层面，需要打开视野，了解行业、竞品、社会、经济、政治、文化信息，与数据结合在一起洞察事物本质，这样才能让数据运营发挥最大效用，否则数据只是一堆数字。下面介绍行业洞察等三个分析视角。

1）行业洞察

顾名思义，行业洞察就是分析一个行业的本质、历史、现状和未来发展趋势，涉及行业概况分析、4P 分析、市场结构分析、产业竞争分析等，以此分析目标行业的整体概况。行业洞察涉及很多方法论，若从数据运营角度切入，在整个过程中最基础的就是数据获取，可以通过国家统计局、海关总署、各类大型咨询平台、投融资机构等平台获取公开数据，同时做好存储管理，定期分析宏观视角下的行业发展趋势。这是数据运营人进阶的第一个阶梯。

2）竞品分析

以分析自己业务的视角来获取竞品数据，然后进行分析，在数据运营角度其实和分析自己的业务方法无二，核心区别在于数据从哪里获取以及分析颗粒度大小。数据通过各种电商数据分析平台免费或者付费获取，分析颗粒度要根据业务规模或者数据运营需要确定，在资源和时间允许的条件下，分析的颗粒度越细越有助于判断。这是数据运营人进阶的第二个阶梯。

3）社会、经济、政治、文化信息把握

这里涉及的是更加宏观的分析视角，其数据不仅仅指看到的数字，新闻、短视频等都是非结构化的数据，这些数据除了需要获取、存储、分析、判断，还需要结构化处理（将时间、行业、国家等信息进行概括，得到结构化数据）。这是数据运营人进阶的第三个阶梯，也是最难的部分。

7.4 数据运营的技能

数据运营人经常被问到三个问题：数据为什么涨？数据为什么跌？数据为什么不涨不跌？要想看清问题需要有一个整体的分析框架，同时要有严谨的数据分析逻辑。如果仅仅将现象或者结论通过数字描述，就不够清晰，因此有了数据可视化。

数据分析常用工具

1. Excel

Excel 是数据运营中最常使用的工具，无论是用 R 语言还是 SQL 语言，最终都会走到通过 Excel 分析数据这一环节，可视化统计图也主要利用这个工具进行。它的优势是通用性强、实操便利，不足之处就是当数据量足够大，到几十万条时，数据分析和存储会不便，这个时候可以用 Access 软件替代，但是当数据量达到几百万条以上时，就需要通过数据库进行数据初步处理了。

2. SQL

SQL 即结构化查询语言（Structured Query Language），是一种数据库查询和程序设计语言，用于存取数据以及查询、更新和管理关系数据库系统。其优势是可以储存大量数据，同时能够轻易地对大数据进行统计分析。

3. Python 和 R 语言

Python 是一种程序语言，在数据运营当中通常用于爬虫设计。R 语言是一种用于统计分析、绘图的语言。

7.4.2 分析逻辑及方法

1. 数据可视化

数据可视化中最常用的是统计图，它能够让读者更容易看到数据背后的现象。它的基本原则是准确、有效，同时需要简洁，如此才能让读者清晰地看到数据背后的现象。

（1）准确：作为对统计图最基本的要求，除了数据需要准确之外，还需要使用合适的图形表达不同类型的数据。比如，曲线图一般用来表达趋势（随时间变化的销售额、流量变化），柱状图可以用来表达连续变量（如年份、月份销售额）的关系，饼图用来表达占比（如男女性占比、国家占比），散点图用来表达两个变量的关系（如售产品数和销量关系）。

（2）有效：指的是你的统计图能够有效反映数据背后的问题。比如你要看一年内的销售趋势，用柱状图和折线图都能表达，但是如果想看销售额与销售产品数在一年内的关系和趋势，使用柱状图就无法表达，使用折线图，一条表达销售额一条表达产品数，便能清晰地看出两者之间随着时间变化的关系。

（3）简洁：简洁就是你的统计图能够让人清晰地看出结果，如果一张统计图要表达过多现象或者增加过多数据标签，就会显得很难看懂，作统计图的目的就是把复杂的数据变得可视化，以快速看出问题，如果统计图做得过于复杂就达不到这个目的。

1）柱状图

柱状图又称为长条图，是一种通过长方形色块表示数量的统计图，用于比较两个或者两个以上的变量，如图 7-10 所示。

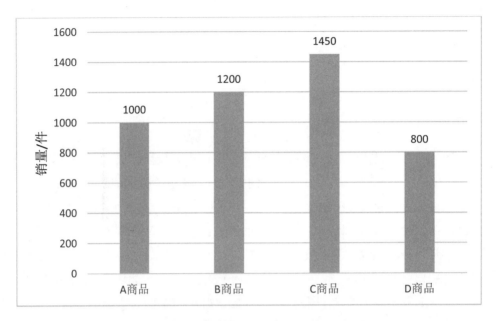

图 7-10　1 月某类目产品销量（柱状图）

还可以用于表示不同产品在 1—3 月的销量，以方便对比。

原始数据如图 7-11 所示，不直观，还得通过计算推理才能得出结论。

	1月销量	2月销量	3月销量
A商品	1000	700	500
B商品	1200	1500	1780
C商品	1450	1100	900
D商品	800	1050	1200

图 7-11　某产品 1—3 月销量

改成柱状图后的效果如图 7-12 所示，以此可以直观地对各产品数量及每月增长趋势做出判断。

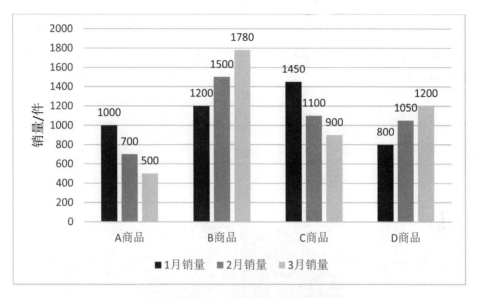

图 7-12　玩具类目产品销量对比（柱状图）

以上数据还有一种呈现方式，通过这种呈现方式既能看出所有产品的月度总销量趋势，又能看出各类产品的月度销量趋势，如图 7-13 所示。

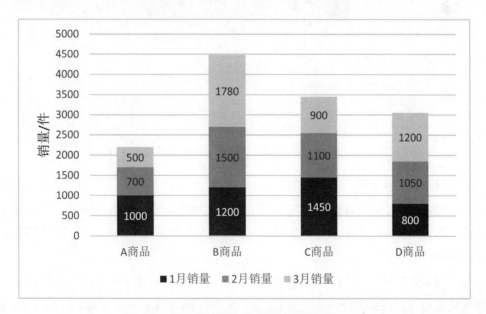

图 7-13　玩具类目产品月度销量趋势（柱状图）

柱状图在表达单变量单指标时，还能用于表达流量、订单量、用户数、销售额等。在单变量多指标的情况下，可用于表达不同类目的流量、用户数、销量对比，不同产品的流量、用户数、销量对比等。

2）饼图

饼图又称为圆形图，用于显示一个数据系列中每项的比例，由多个扇形组成一个圆（100%），每个扇形大小代表各项的占比，如图 7-14 所示。

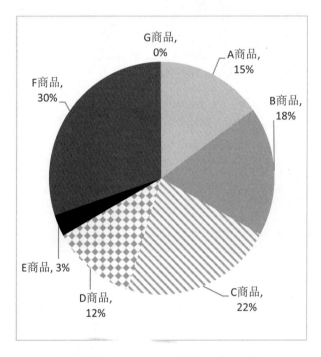

图 7-14　各产品 1 月销量占比（饼图）

关于饼图的注意事项：

（1）项数不宜过多。如果项数过多，就需要将占比较小的一些项（如销量占比低于 5% 的产品）合计，统称为"其他"，并且标注好"其他"里面各项的含义。一般情况下项数不宜超过 10 个。

（2）项名的放置。在项数较少同时项的名称较短时，可以把名称直接放置在饼图内，这样比较直观。但是当项的名称过长（比如类目名称是 home & garden、packaging & printing、fashion & accessories 等），无法放置到饼图内时，可通过在右侧、底部增加标签的方式呈现。

图 7-15 所示的饼图就不够直观。

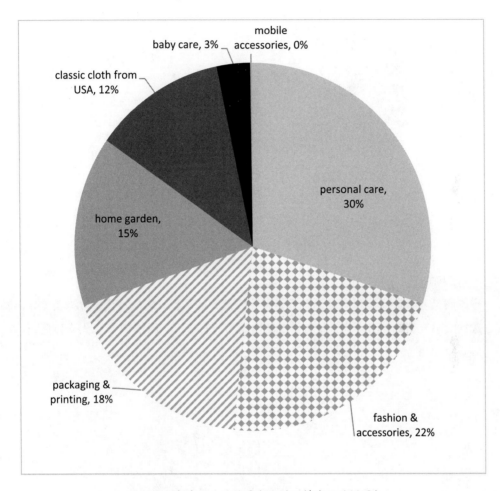

图 7-15　各产品 1 月销量占比（不够直观的饼图）

优化后的饼图如图 7-16 所示。

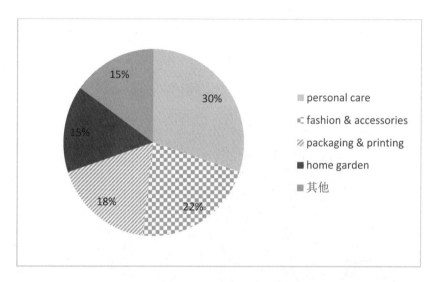

图 7-16　各产品 1 月销量占比（优化后的饼图）

3）直方图

直方图又名质量分布图，用于表示连续性变量的关系。一般横轴代表数据类型，纵轴代表数据大小。其最大的价值就是可供观测数据的分布情况。图 7-17 所示为直方图。

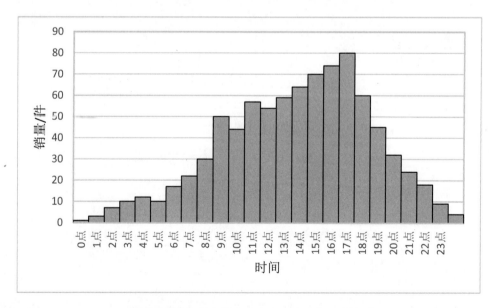

图 7-17　A 产品不同时段的销量（直方图）

　　一般直方图会呈现以下几种状态：对称分布（图 7-18）、左偏分布（图 7-19）、右偏分布（图 7-20）、其他分布。

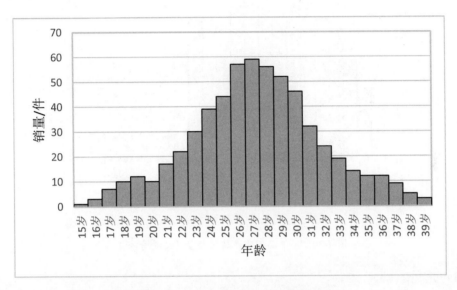

图 7-18　A 产品不同年龄段销量（对称分布）

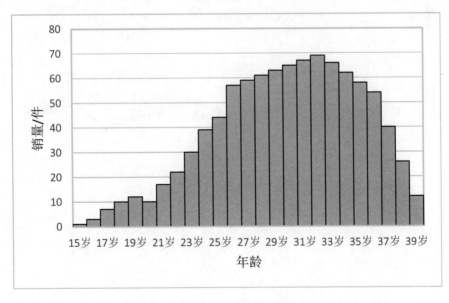

图 7-19　A 产品不同年龄段销量（左偏分布）

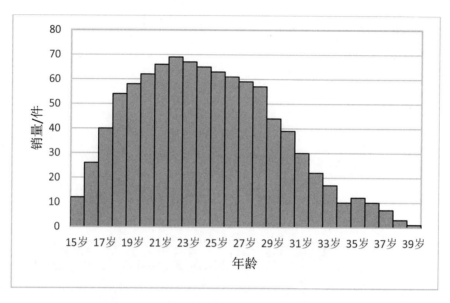

图 7-20　A 产品不同年龄段销量（右偏分布）

4）折线图

折线图主要用于展示时间序列下的数据变化。横轴表示时间，纵轴表示指标变化，如图 7-21 所示。

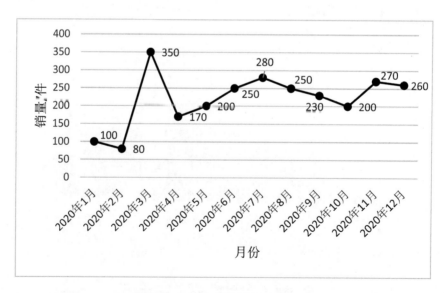

图 7-21　A 产品月度销量（折线图）

利用折线图，能看趋势，能看周期变化，能预判突发情况。

（1）看趋势：随着时间的变化，看指标变化趋势是增长还是递减，是稳定还是大幅波动。在折线图中能通过增加趋势线预判未来趋势，分析趋势背后的原因，还可以通过人为干预加剧或者缓解变化趋势。

（2）看周期变化：可以看出数据是否呈现出一定周期规律。比如产品在一天 24 小时中的销量分布，通过两年销量趋势对比也可以看出周期规律，如图 7-22 所示。

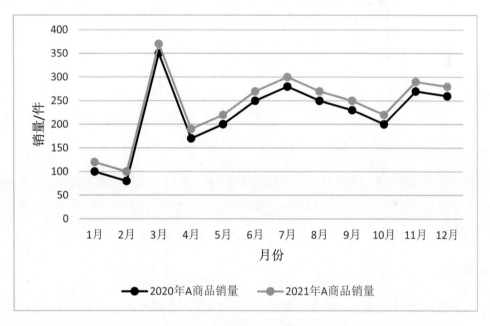

图 7-22　A 产品两年月度销量（折线图）

（3）预判突发情况：数据可能因为某些事件的发生而出现波峰或者波谷，通过数据分析，通过分析行业、分析竞品、分析社会现象，就能够从中预判未来会出现的情况，提前做好准备。

5）散点图

散点图指的是用两个连续性数据构成的统计图，如图 7-23 所示。图中的每一个点都有对应的横坐标和纵坐标，可以用来判断两个变量之间是否存在某种关联，通常用于展示跨类别（多种类目、多种产品、多种维度）的聚合数据。

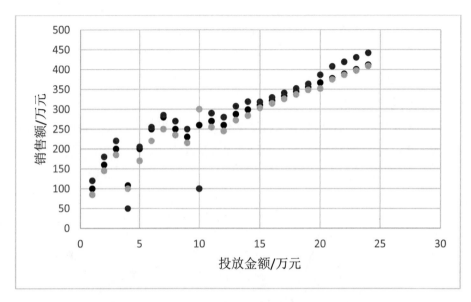

图 7-23 3 种产品销售额与广告投放金额的关系（散点图）

散点图表达的两个变量的关系，一般有线性正相关关系、线性负相关关系、非线性相关关系、无相关关系。但是这里要注意，相关关系和因果关系不能等同而论，相关关系仅用于判断相关性。

2. A/B 测试

A/B 测试又叫分桶测试，或者分割测试，通常用于网页或者 App 版本之间的比较，也用于营销中的内容效果对比，是一种验证两个或两个以上策略影响因子的影响关系以及影响程度的方法。

1）基本原则

需要注意先验、并行、科学分桶三个基本原则。先验指的是通过最低成本、最小流量方式实验，效果显著后逐步扩大规模，最后选出最优方案推广实施。并行指的是不同版本、方案在实验时，各项指标需要保持一致性，比如时间、人群等。科学分桶指的是 AB 两组被分配的数据（比如人群类型和数量）需要保持一致。

2）使用方法

（1）确定目标：实验之前必须考虑清楚实验的目标，确定实验的核心变量。比如产品详情页中是否带视频对引流效果的影响、注册是否分步骤对注册成功率的影响、不同关键词对 SEM 效果的影响、同一件产品在不同国家市场投放的效果差异等。

（2）设定变量：指的是将实验的变量做出调整，比如原来产品只是对英国市场进行投放，则增加一个同期实验对美国市场进行投放。

（3）做出假设：确定目标之后需要对实验结果有一个假设，没有假设的实验等于无用功。

（4）设置评估指标：实验前通过数据打点方式确定好需要收集的数据指标。

（5）投放实验：根据第 1 条、第 2 条投放实验。一般周期在 7 天以上，如果是跨境 B2B 电商，由于受谈判时间影响可能会将实验周期调整到 14 天，这需要基于业务或者营销方案制定。

（6）产出结论：实验完成，根据第 3 条进行数据分析，得出结论。

3. 如何产出一份合格的数据分析报告

数据分析报告需要有一套逻辑严谨的框架，这样才能支持准确的分析方向，报告结论的可靠性和权威性才能得到保证。一份合格的数据分析报告框架如图 7-24 所示。

图 7-24　一份合格的数据分析报告框架

1）数据分析报告分类

（1）事实描述型：主要分析业务现状，讲究事实，以发现问题。比如产品销量、广告投放现状呈现等报告。

（2）因果判断型：主要分析业务指标为什么涨，为什么跌，为什么不涨不跌。

（3）未来预测型：主要分析业务目标达成现状如何，未来有什么可能的变化趋势。

（4）方案分析型：主要分析优化的目标，这个目标涉及哪些影响因素，以及这些因素可能影响哪些策略。

2）数据分析的两个基本原则

数据分析有两个基本原则，一是量化精细预估，二是大胆假设小心验证。

（1）量化精细预估：产品定价过程中，需要评估需求和供给成本，制作预算表，避免盲目或者靠感觉定价。评估需求，指的是评估目标市场消费者对这件或者这类产品的心理价位，这算是初步定价。供给成本主要包含产品成本（按照生产量或者采购量确定分层成本）、资质认证成本（部分产品在目的国售卖需要资质认证，否则可能面临罚款，比如食品出口到美国需要 FDA 资质认证）、国内运输成本、关税、退税、包装成本、供应链成本（仓内操作、干线运输、最后一公里配送、目的国销售税）、运营成本（这里包含外包成本比如MCN 机构代售成本、广告成本等），等等。以上均是预算需要用到的指标，越精细越好，结合需求评估和供给成本，才能更好地评估产品售卖的价值，也能更好地定价。

（2）大胆假设小心验证：这里涉及全链路数据分析，在流量规模、流量分布国家、流量质量、产品详情展示、价格、产品权益、供应链成本等问题上都可以做假设，经过一两轮分析之后，再次分析也就流程化、简单化了。这部分最重要的是大胆假设，小心验证。

本章习题

一、名词解释

1. 数据运营
2. 曝光
3. 点击
4. 询盘

二、选择题

1.（单选）以下哪项不是数据可视化的基本原则？（　　　）

A. 准确　　　　　B. 丰富　　　　　C. 简洁　　　　　D. 有效

2.（单选）具备能看趋势，能看周期变化，能预判突发情况的可视化图表是哪个？（　　）

A. 饼图　　　　　　B. 散点图　　　　　　C. 折线图

3.（单选）以下哪一项不是数据分析报告的类型？（　　）

A. 事实描述型　　　B. 因果判断型

C. 纠正问题型　　　D. 未来预测型　　　　E. 方案分析型

4.（单选）以下哪个不是点击数据的主要指标？（　　）

A. UV　　　　　　B. 次数　　　　　　C. 人群　　　　　　D. 时长

5.（多选）数据应用主要分为哪四个部分？（　　）

A. 引流　　　　　　B. 流量分配　　　　　C. 交易提效　　　　D. 商业化

6.（多选）订单交易环节数据分析的基本原则是什么？（　　）

A. 量化精细预估　　　　　　　　　B. 分析速度要快

C. 小心假设　　　　　　　　　　　D. 大胆假设小心验证

三、填空题

1. 爬虫提取数据通常的几个应用包括＿＿＿＿、＿＿＿＿、＿＿＿＿、＿＿＿＿。

2. 用户画像的 PERSONAL 八要素分别为＿＿＿＿、＿＿＿＿、＿＿＿＿、＿＿＿＿、

＿＿＿＿、＿＿＿＿、＿＿＿＿、＿＿＿＿。

3. 询盘包含以下几个核心要素：＿＿＿＿、＿＿＿＿、＿＿＿＿、＿＿＿＿、

＿＿＿＿、＿＿＿＿、＿＿＿＿、＿＿＿＿。

四、简答题

1. 数据运营的价值主要有哪些？

2. 转化率常见的分析几个指标有哪些？

第 8 章

跨境内容电商及
运营技巧

8.1　内容电商的特点及其重要性

内容电商其实就是社交电商的升级版，传统的卖货模式在全球消费升级的基础上，很难继续吸引消费者有目的地去消费。消费者现在更加喜欢看有趣的内容，同时还能买到自己心仪的产品。在竞争日趋激烈的跨境电商市场里，懂得社交电商运营和内容电商运营的卖家无疑会有更大的优势。

从图 8-1 中可以看到，未来电商趋势就是社交化和内容化，平台会鼓励卖家更加积极地做营销和社交矩阵，这样不仅可以拉近卖家与用户的距离，同时卖家也可以为平台带来更多社交媒体的流量，还能优化消费体验，从"海外版抖音"TikTok 收购 Musical 就能看到，TikTok 更加注重内容的产出，也为做电商打下了基础。

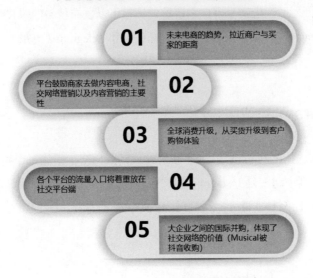

图 8-1　社交电商的重要性

传统电商和内容电商本质的区别在于，内容和消费者会有更多的互动，体现在消费者在内容下面留言、评论等，内容电商更加容易吸引消费者认可，而传统电商忽略了和消费者互动。

接下来介绍几个比较适合跨境卖家做社交电商和内容电商的海外社交网络平台，可以帮助卖家拓展更多的渠道，销售自己的产品给精准的消费者。

8.2 Instagram 的推广技巧

Instagram 被 Facebook 收购之后，背靠 Facebook 强大的用户基础和生态，实现了高速增长。Instagram 的特点是年轻用户多，有活力，裂变能力强。很多跨境卖家都把 Instagram 当作产品"种草"的第一阵地，以及给平台店铺和独立站引流的不二选择。

8.2.1 Instagram 简介

Instagram 是 Facebook 公司的一款免费提供在线图片及视频分享的社区应用软件，其特点是用户用手机拍摄之后，借助平台自主研发的滤镜可以发布精美的照片。Instagram 有丰富的互动功能。Instagram 的灵感来自 Instant（即时）和 Telegram（电报），是希望用户发布的信息像电报信息一样传递。

8.2.2 Instagram 的使用统计

截止到 2022 年底，Instagram 有 13.3 亿名月度活跃用户，平均每个用户每天会在平台上面花费 30 分钟。其中印度是 Instagram 用户最多的国家，美国位列第二。Instagram 上男性和女性的注册用户比例基本持平，女性略微高于男性。全球有 81%的企业会使用 Instagram 去做宣传。

8.2.3 Instagram 的营销统计

在 Instagram 上面，90%的用户至少会关注一家企业，这就意味着，如果企业注册 Instagram 的账号，有很大概率会被用户发现并且关注。其中有 81%的用户浏览 Instagram 就是想关注自己喜欢品牌的动态。平均每个品牌每周会在 Instagram 上发布 4 条以上的动态，并且每个月都有大于 4 万家企业在用 Instagram 的快拍广告。

8.2.4　如何利用 Instagram 营销

首先卖家需要注册一个 Instagram 账号，图 8-2 为 Instagram 注册界面。

图 8-2　Instagram 注册界面

我们可以用 Facebook 的账号直接登录 Instagram 或者用邮箱注册一个新的账号，如图 8-3 所示。

然后我们需要编辑一下自己的资料，这样可以让消费者迅速了解我们销售的产品和店铺的信息，如图 8-4 所示。

图 8-3　Instagram 的登录界面

图 8-4　Instagram 的主页信息填写

如图 8-5 所示，这样的呈现方式就能让更多消费者看到我们的实体店铺或者线上店铺的信息。

图 8-5　Instagram 引流的界面

甚至可以把联系方式填写在 Instagram 的资料里，这样方便消费者第一时间找到我们，如图 8-6 所示。

Instagram 是靠图片和视频来展示产品的，所以视觉冲击力非常重要。以下几点建议送给各位卖家：

（1）Instagram 主要靠照片"吸粉"，所以拍照一定要多花心思，适当用滤镜会让照片显得很有质感。

（2）拍摄产品要和生活结合起来。

（3）色彩的对比度可以调高一点，这样可以显得颜色很饱满。

（4）尽量用专业相机拍摄。

Instagram 是网友参与度最高的平台之一，很多话题有特点、有内容、有趣，最关键的是能带来流量。比如"冰桶挑战"这个话题，通过设计一个场景来配合 falling stars 这个主题（#fallingstarschallenge），然后通过这个主题来让自己的内容和产品"透出"，如图 8-7 所示。

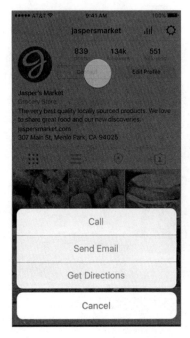

图 8-6　Instagram 卖家的联系方式

图 8-7　Instagram 话题页面的展示

我们刚开始运营账号时，粉丝不多，就需要用到话题标签（HashTag）这个功能来获取流量，发新帖的时候要巧用话题标签。以下几点需要注意：

（1）标题和图片要突出产品的特点。

（2）话题标签的人群和潮流定位要准确。

（3）标记的用户要和产品相关。图 8-8 所示是一款摄影包，所以用了和摄影相关的话题标签，目的是让更多对这个相机包感兴趣的摄影爱好者和摄影师来点击，从而形成成交。

图 8-8　Instagram 的发布界面

Instagram 还有一种比较有效的吸引流量的工具就是快拍贴纸，如图 8-9 所示。在 Instagram 快拍中加入贴纸可以让我们的快拍出现在更多的用户面前。

图 8-9　Instagram 的贴纸界面

Instagram 的快拍贴纸有很多，卖家不可能一次把这些贴纸全部用上，但是至少要用上一两个。如果想在自己的账号上@某些人，也可以用快拍贴纸来@他们，如图 8-10 所示。

图 8-10　贴纸的@功能

在每一个快拍上我们最多可以@10 个人，但是要保证我们@的这些人跟我们的内容都是相关的。

在每一个快拍上我们最多可以加 11 个标签，Instagram 用户只要搜索了这些标签，就能看到我们的帖子，即使他们没有关注我们也一样能看到，如图 8-11 所示。

图 8-11　Instagram 的互动

Instagram 广告是一种重要的产品曝光渠道。首先进入 Instagram 的广告推广界面，然后选择我们需要的推广方式，这里 Instagram 提供了较多的推广方式。作为电商卖家，我们一般选择的都是 Traffic（流量）这个选项，如图 8-12 所示。

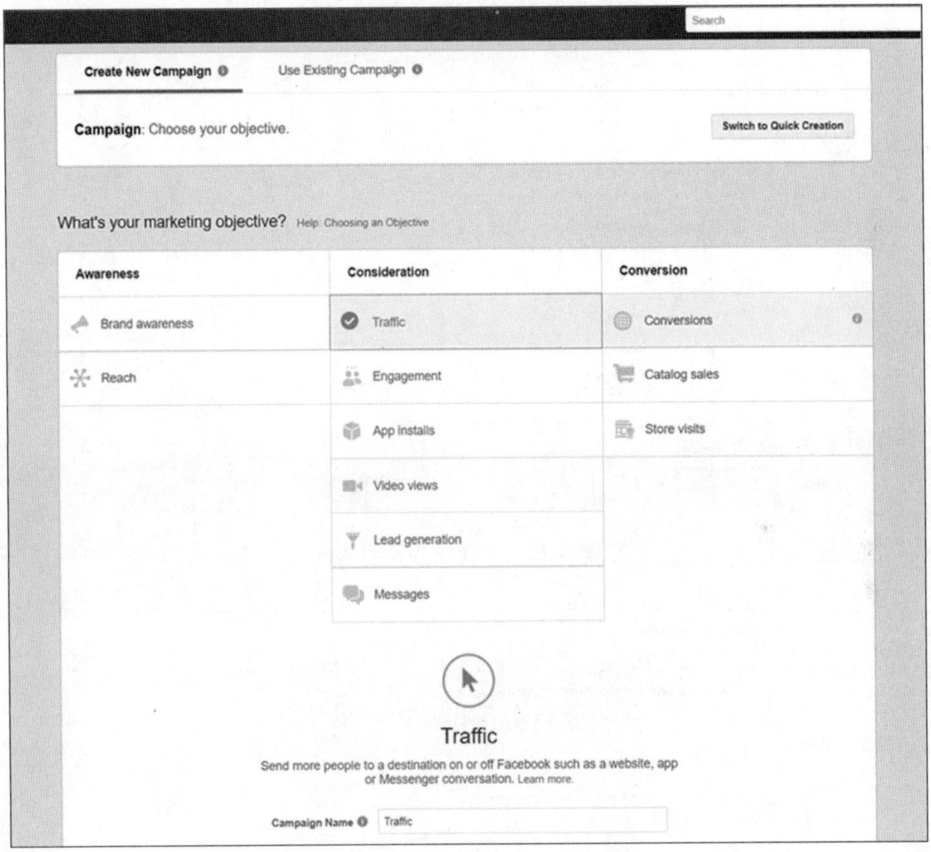

图 8-12　Instagram 的广告界面

然后选择我们要投入的预算，并且选择 A/B 测试，如图 8-13 所示。

设置测试 A 和测试 B 的预算之后，选择广告面向的具体人群，如图 8-14 所示。

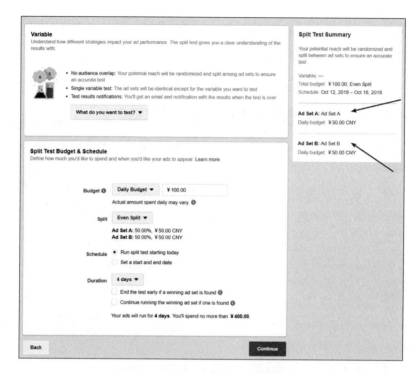

图 8-13　广告的 A/B 测试

图 8-14　广告投放人群的选择

　　最后选择投放方式，比如以单一视频或者视频图片组合的方式来投放。设置结束后，就可以等着广告"跑完"之后的数据，并且针对这些数据做复盘。

8.3　Snapchat 的推广技巧

　　Snapchat 算是新型的社交平台，特别受年轻用户的青睐，它的特点就是"阅后即焚"，最大限度地保护了用户的隐私。年轻一代特别喜欢 Snapchat，老牌的社交网络媒体 Facebook 几乎每天都在流失年轻用户，但是 Snapchat 承接了这些 Facebook 失去的年轻的用户，潜力巨大。

8.3.1　Snapchat 账号注册

　　如果我们想要在 Snapchat 上做推广，需要先注册一个 Snapchat 的账号，如图 8-15 所示。

图 8-15　Snapchat 的注册界面

账号开通以后，我们需要了解 Snapchat 的页面布局，如图 8-16 所示。

Snapchat 的界面和普通手机的拍照界面很像，其中 2 和 3 分别是闪光灯和镜头切换按钮，4 是收件箱按钮，5 是拍摄照片或者拍摄视频的按钮，整个页面的布局简约且易上手。

拍摄完一段素材之后，我们可以做个性化的修改，如图 8-17 所示，1 是文字编辑按钮，2 是涂鸦按钮，3 是插入视频或者图片按钮，4 是剪辑按钮，7 是发送按钮，8 是分享快照按钮。

图 8-16　Snapchat 的页面布局　　　　图 8-17　Snapchat 丰富的工具

8.3.2　Snapchat 的广告创建

除非有庞大的粉丝基数，如果要高效地在 Snapchat 上推广还是非常依赖广告的，要创建一个 Snapchat 的广告，第一步是点击 App 左上角的广告按钮，然后就会出现图 8-18 所示的界面，点击 Create Ads 按钮即可创建广告。

图 8-18　Snapchat 的广告界面

广告的形式分两种，一种是单一的广告，另一种是高级广告，如图 8-19 所示。两者的区别在于，单一广告模式下只能创建一个广告，而高级广告模式下可以创建多个广告，并且可以合并广告，提升广告的效率。

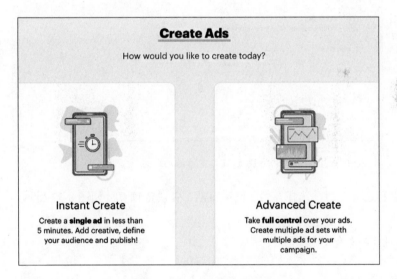

图 8-19　Snapchat 的广告方式

以高级广告为例，首先需要选定我们投放广告的目的，作为电商卖家，我们一般需要第二个，也就是 Drive Traffic To Website（吸引流量到网站），如图 8-20 所示。

接下来，给你的宣传活动起个名字，如图 8-21 所示。

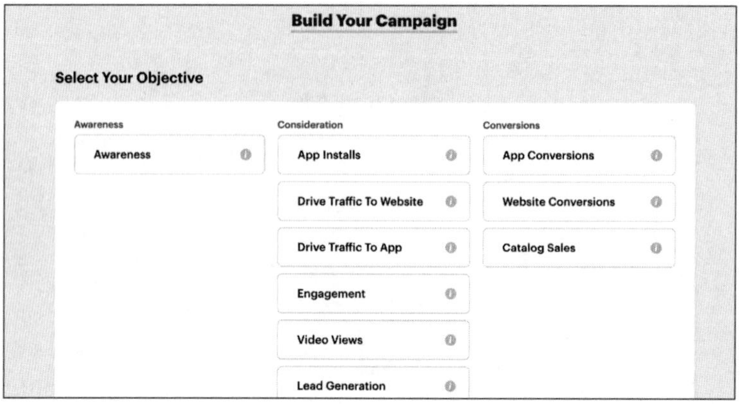

图 8-20　选择投放广告的目的

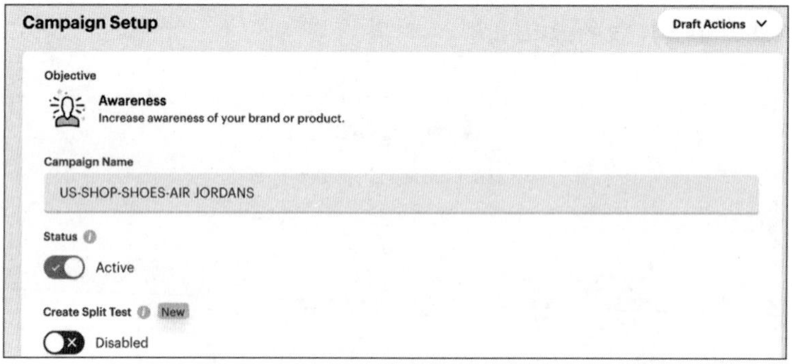

图 8-21　宣传活动起名

活动名称选好之后，选择开始和结束日期，并决定预算，如图 8-22 所示。

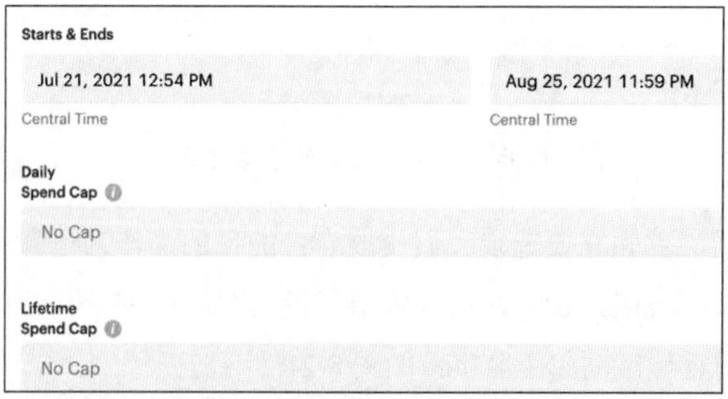

图 8-22　选择广告的时间和预算

接下来选择广告位置，我们将会看到自动布局选项，在该选项中，Snapchat 将帮助你在多个位置向更多人展示广告，你的广告可能在这些位置效果最好，如图 8-23 所示。

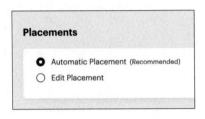

图 8-23　自动展示广告推荐

还可以选择可观看广告的目标群体。你可以选择特定地点的特定目标群体，Snapchat 允许你按位置和职业、兴趣等选择目标群体，如图 8-24 所示。

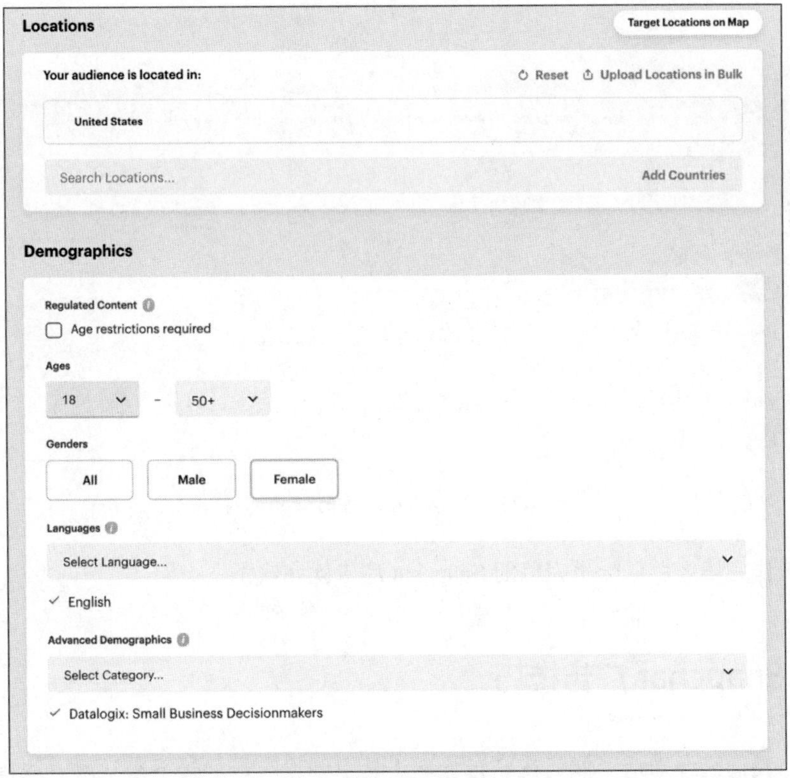

图 8-24　选择广告的目标群体

如果你不确定在 Snapchat 上做广告要花多少钱，那就从小额预算开始。如果广告表现良好，你可以随时增加预算，如图 8-25 所示。

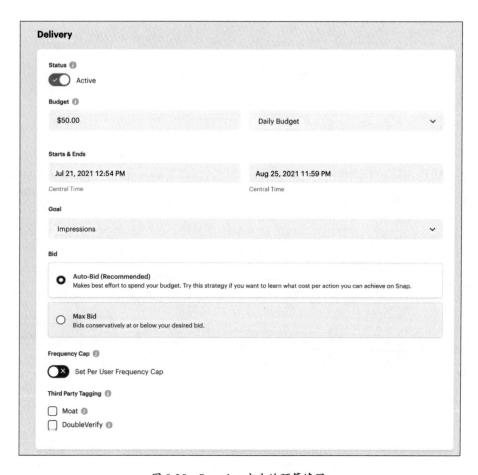

图 8-25　Snapchat 广告的预算填写

以上操作完毕之后，一个完整的 Snapchat 广告就完成了。

8.3.3　Snapchat 广告技巧

现在，我们已经知道了如何在广告管理工具中创建广告，接下来学习一些有助于广告转化的技巧。

1. 使用再营销广告

使用再营销广告可以获得比仅运行单个广告更高的转化率。再营销是指根据受众在上一个广告中的互动表现，为其提供另一个广告或广告系列。

用户在购买之前可能会经历三个阶段：意识、考虑和转化。

在意识阶段，用户只是在了解你的品牌、服务或产品。在考虑阶段，用户将进一步了解你的产品并考虑购买。在转化阶段，用户会进行购买或采取你认为有价值的行动。这三个阶段构成了所谓的"营销漏斗"，我们的目标是通过"漏斗"将用户转化。

让我们看看如何制作一系列广告并有效地重定目标。

第一个广告可以是一段 7 秒钟的视频，展示产品的独特功能和使用方法。然后，将目标重新定位为部分用户。你可以考虑吸引这些受众，在漏斗的第二阶段，为他们提供一个广告，以进一步展现你的产品。与第二个广告互动的用户将被转移至"漏斗"的转化阶段，此阶段可为用户提供一个有营销内容和运费声明的广告。

2. 广告应使人感到自然，而非刻意推销

如何制作一个人们喜欢看的广告呢？那就是保持广告的真实性。利用 80%的时间来打造有趣和令人兴奋的内容，另外 20%用于推销你的产品，这样效果才更好。

让你的广告感觉自然，使用再营销手段通过"漏斗"理论转移用户，并根据你的广告指标进行测试和优化，你很快就会看到 Snapchat 广告为你带来的潜在用户及销量的增长。

8.4　YouTube 的推广技巧

从全球范围来看，目前 YouTube 在长视频领域还没有对手，在如此大的体量下，YouTube 成了很多电商用户必须探索的阵地。

那么在 YouTube 上哪些视频内容更受欢迎呢？如图 8-26 所示，喜剧、动画、搞笑类内容以及日常 Vlog 还是比较受欢迎的，卖家在制作视频的时候，就可以往这些内容方向靠拢。

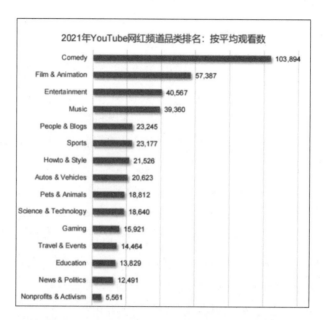

图 8-26　YouTube 容易获取流量的内容（数据来源：SocialMedia Online）

YouTube 有非常复杂的算法，如图 8-27 所示。

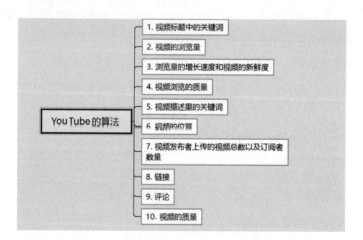

图 8-27　YouTube 的算法

下面对其中一部分进行说明。

第 1 条：视频标题中的关键词。标题中的关键词占据非常重要的地位，选择匹配的关键词有助于准确地曝光。YouTube 支持变体关键词，比如你搜索 Cell Phone 的时候会出现

Mobile Phone，说明当你上传视频的时候主关键词可以适当地用变体来代替。

第 2 条：视频的浏览量。优秀的视频需要有基础浏览量，以及一定的点赞、订阅和转发量，这样 YouTube 才会认定这个视频是受大众欢迎的视频。

第 5 条：视频描述里的关键词。这是一个非常重要的因素，这里面的字符我建议保持在 300～500 个词。在描述的过程中适当地融合 SEO 关键词元素，特别是一些长尾词。千万不要堆砌关键词，尽量在描述里面描述你的视频介绍的是什么，有什么特别之处。很多时候，我们可以在描述里面加入网站的链接，好的视频可以为网站带来巨大的流量，所以链接是有必要加入的。

第 6 条：视频的位置。YouTube 能给一个视频什么样的搜索位置，取决于这个视频是否有大量的转发，是否有大量的站外流量等，如果一个视频有内链"加持"，也就是说有其他的博主在推荐你的视频，而且有大量优质的外链推荐视频，YouTube 会有更大概率把这个视频推荐到最显眼的地方。

第 9 条：评论。Google 非常看重评论，一般影响视频评论的是视频本身的质量、视频是否高清以及字幕质量等。

除此之外，还需要借助一些插件来提升推广效率。这里推荐一个常用工具 Tube Buddy，它可以提供 YouTube 运营的技巧，有效提升 YouTube 推广的效率，如图 8-28 所示。

图 8-28　Tube Buddy 的分析界面

通过 Tube Buddy 可以发现搜索趋势，有助于快速做出决策，如图 8-29 所示。

图 8-29 Tube Buddy 展示的搜索趋势

YouTube 最简单有效的运营方式就是和网红合作，使店铺快速"冷启动"，获取订单和评价。这里推荐一些找网红的原则。

（1）正在成长中的网红（10 万～30 万个粉丝）。

（2）推广产品的类型和我们的产品一致。

（3）一次推广的价格为 100～500 美元。

（4）能比较积极地提出推广的建议。

综上所述，跨境卖家可以通过多种渠道来进行推广，要选择适合自己店铺和产品的方式去合理推广，切忌大肆铺张地投入广告，以免造成不必要的损失。

8.5 独立站的 TikTok 引流方法

在前面的章节中，我们详细学习了 TikTok Shop 如何运营，TikTok 账号如何进行短视频营销和直播带货。在之前也提到过，除 TikTok Shop 外，TikTok 账号还可以绑定其他平台的链接，在这些链接中，独立站的占比很大。

因为申请一个 TikTok Shop 店铺需要的资质和成本相对于搭建一个独立站来说要高出

很多。而从后续运营维护难度、官方对产品和服务的监管审核机制、可出售的产品类目数量来讲，前者也远高于后者。除此之外，TikTok Shop 不管是跨境店还是本土店，它们所面向的消费市场只有特定的几个，而独立站则可以面向全球消费者。所以很多卖家在权衡利弊后，会选择使用独立站在 TikTok 上销售产品。当然，其实也有很多卖家在 TikTok 账号已绑定 TikTok Shop 的情况下，也将独立站链接挂在账号内，这样不仅能够起到扩展该 TikTok 账号下可带货的产品种类数的作用，而且也便于没有 Payonner 账号的其他支付平台的用户进行消费，进一步提高产品销量。

本节将学习如何使用 TikTok 为独立站引流。

8.5.1　如何将独立站与 TikTok 账号绑定

独立站与 TikTok 账号绑定的方法很简单，只要在想要绑定独立站的 TikTok 账号下的个人资料界面（图 8-30）内挂上外部链接，在 Website 框内填入我们独立站的域名就好了，同时我们也不要忘记在 Bio 内填写一些为独立站引流的简短文案。

图 8-30　TikTok 账号个人资料界面

8.5.2 英美融合车

虽然目前 TikTok Shop 官方已经开通美区市场，但是卖家通常通过定向邀请的形式入驻美国本土店，这也表明申请美区本土店的难度要远大于申请其他国家市场的本土店。所以不管是在官方开放美区市场申请资格之前，还是入驻美国本土店难度极高的当下，乃至很长一段时间的未来，使用独立站销售产品都是国内电商卖家打入美国市场的最优解。

如果我们有英国本土店，并且已有运营中的独立站（推荐使用 Shopify），那么我们可以通过第三方提供的插件将其与 TikTok 绑定，这样无论是英国的还是美国的用户，都能够看到我们账号发布的视频，或直播间内挂上的产品的购物车链接，以及店铺主页橱窗，并在其中直接进行交易，可以让美国用户也能够拥有与在本土店类似的购物体验。这就是我们所说的英美融合车。

开通英美融合车服务虽然比直接申请美国本土店难度低很多，但也是有一定门槛的：我们的英国本土店要入驻满 30 天，且店铺排名要在官方类目前 20%，店铺名下运营中的TikTok 账号不能有"搬运"等异常标签存在，30 天内店铺名下的直播间流量中美区流量占比要高于 15%，卖家所拥有的 Shopify 商店地址要在美国，并且店铺运营市场要超过 3 个月。只有满足上述全部条件，卖家才有资格开通英美融合车服务。

8.5.3 独立站使用 TikTok 引流需要注意的事项

尽管 TikTok 支持达人和卖家使用外部链接，但是出于对安全的考虑，官方会对链接进行安全性评估。所以对于官方判断为安全性较低的网址，用户在 App 内直接点击链接，有可能出现被拦截、网页加载失败或者反复点击多次才可进入网页的情况，这样就很容易造成消费者的流失。这种情况是无法避免的，但是如果我们将独立站的域名更改为有企业背书的一级域名，或者找到提供链接优化服务的第三方服务平台对独立站网址进行优化，那么上述情况发生的概率会小很多。

有些企业会通过注册大量 TikTok 小号为其网站或独立站引流，而这种小号信誉度差，出现问题后解决能力差，会影响 TikTok 的整体用户体验。为防止这种情况，TikTok 官方规定只允许超过 1000 个粉丝的用户绑定外部链接。所以如果卖家想通过 TikTok 为独立站引流，在注册好 TikTok 账号后要先发视频，推荐发与独立站产品相关联的泛垂直类视频，而不是只发产品的介绍视频或使用视频，这样在快速增加粉丝的同时，获得的粉丝群体也会相对精准。待粉丝积累到 1000 个以后，便可以绑定独立站。

如果我们的 TikTok 账号没有绑定 TikTok Shop，那么推荐在独立站中开通 Payonner 支付，尽管目前独立站的第三方支付平台以 PayPal 为主，不过因为在 TikTok 拥有消费习惯的用户必然会拥有 Payonner 账号，而在这群用户中难免会有一些只有 Payonner 账号而没有 PayPal 账号的，如果店铺同时支持 Payonner 支付，就不会让这类人流失。更何况多添加一种支付方式并不会对其他支付平台的使用者造成影响，那我们何乐而不为呢？

本章习题

一、名词解释

1. 广告 A/B 测试
2. Instagram 的 HashTag

二、选择题

1.（多选）下列哪几项会影响 YouTube 视频的搜索权重？（　　　）

A. 视频标题中的关键词

B. 视频的浏览量

C. 视频的评论

D. 视频的呈现质量

2.（多选）下面对 Snapchat 的描述中，哪些是正确的？（　　　）

A. 中老年用户比较青睐

B. 青少年用户比较青睐

C. 阅后即焚的功能能保护用户的隐私

D. 有较为个性化的广告投放功能

三、填空题

1. 在 Instagram 发布图文的时候，一定要加入合适的_____来给内容打匹配的标签，方便推送给匹配的用户。

2. Snapchat 的两种广告投放方式分别是_____和_____。

四、简答题

1. 如果要注册 Instagram 的账号，需要注意哪些事项？

2. 内容电商和传统电商的区别有哪些？

第9章

邮件营销以及优化
的核心策略

9.1　邮件营销简介

邮件是海外消费者经常使用的沟通工具。国外 Wi-Fi 覆盖范围广，并且随着邮件 App 的不断迭代，在手机端查看邮件也变得更加便捷，这就导致了海外消费者可以有很长时间来进行网络浏览和网络购物。全球每天产生几十亿封电子邮件，有超过 59% 的营销人员表示电子邮件营销是他们最佳的 ROI（投资回报率）来源，超过一半的用户称营销电子邮件会影响他们的购买决定。

电子邮件营销的目的就是增加电商销售额，提高用户的线上线下活动参与度，以及与用户建立长期关系。当然电子邮件营销也有一些弊端，比如邮件容易被分到垃圾邮件箱、批量发送门槛高等。

9.2　提升邮件营销转化率的工具

为了提升邮件营销的转化率，大家可以利用这几个邮件营销的工具。

1. MailerLite

MailerLite 专注于提供简洁的电子营销服务，其大部分功能都是永久免费的，部分功能需要额外付费。MailerLite 这款工具界面很直观，哪怕是电子邮件营销的新手，也可以轻松使用。每个账号每月有 12 000 封电子邮件的发送额度。其缺点是，免费功能中没有包含模板，用户需自行设计模板。图 9-1 所示是 MailerLite 的界面。

图 9-1　MailerLite 的界面

2. Mailchimp

Mailchimp 是广为人知的电子邮件营销工具。

Mailchimp 提供 A/B 测试、邮件订阅、报告、邮件模板等功能，适用于社交媒体、电子商务等领域，有方便的数据统计和跟踪功能。Mailchimp 每月免费额度为 10 000 封电子邮件，最大支持 2000 个联系人。图 9-2 所示是 Mailchimp 的界面。

图 9-2　Mailchimp 的界面

3. Sender

Sender 界面简单，用户体验流畅，是一款易用的电子邮箱营销工具，提供多种自动化功能。Sender 每月提供 15 000 封免费电子邮件额度。Sender 的缺点是仅能集成 WordPress、WooCommerce、Magento，可集成服务过少。图 9-3 所示是 Sender 的界面。

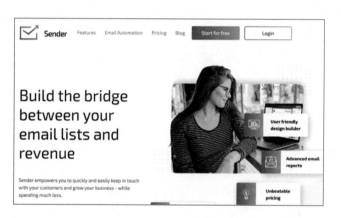

图 9-3　Sender 的界面

9.3　邮件营销的技巧

9.3.1　如何获取用户的邮箱

熟悉外贸的朋友应该清楚，获取用户的邮件的过程会比较艰难，但是也有一些比较高效的获取用户邮件的技巧。

（1）通过社交网站发掘精准用户。

（2）通过直接输入网址发掘精准用户。

（3）通过搜索引擎发掘精准用户。

下面展开介绍获取用户邮件的具体方法。

方法 1：在 YouTube、Facebook、Instagram 等平台搜索。

图 9-4 所示是 YouTube 的用户邮箱。关键词很重要，用你的关键词搜索出来的才是精准的用户。

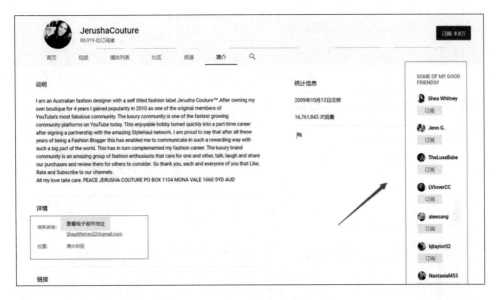

图 9-4　YouTube 的用户邮箱

方法 2：借助微匹网站。

如图 9-5 所示，在微匹网站输入 Facebook 的网址，我们就能看到有很多和 Facebook 相关的邮箱。当然这样搜索过于宽泛了，如果用更加精准的关键词，我们可以借助微匹网站找到更加精准的用户。

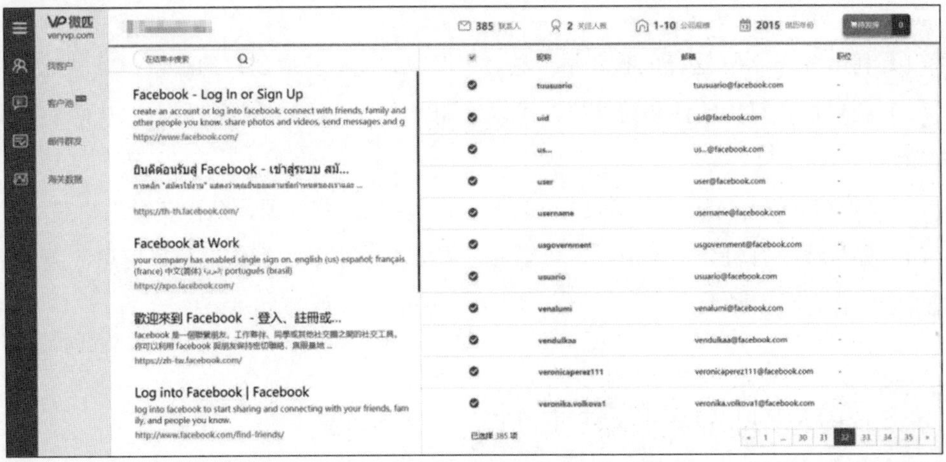

图 9-5　微匹网站收集用户邮箱的界面

方法 3：借助 Atomic Email Hunter。

利用这个工具，通过产品关键词可以批量搜索出用户邮箱，可以选择提取 LinkedIn、Twitter、Facebook 等平台的用户邮箱，也可以筛选国别，只搜索某个国家的邮箱。图 9-6 所示是 Atomic Email Hunter 用户端界面。

图 9-6　Atomic Email Hunter 用户端界面

方法 4：外贸常用方法。

（1）利用 SumoME 这样的独立站工具，可以很方便地获取用户的邮箱。

（2）利用社交媒体软件和粉丝群，可以定期发布一些福利给这些用户，从而换取用户的邮箱。

（3）巧用 LandingPage（着陆页），通过优惠券换取用户注册，从而获得用户的邮箱。

（4）如果线下有机会接触用户，可以通过展会上的小卡片等传递公司信息，鼓励用户通过电子邮件和我们联系。

9.3.2　如何设计精美的营销邮件

在发营销邮件之前，我们需要了解做邮件营销的步骤。

（1）策划邮件（推广什么内容，选择哪些用户群体，要达到什么效果，邮件的打开率、用户的购买率是多少）。

（2）内容制作（文案怎么写，着陆页怎么做，使用什么模板，转化点如何设置）。

（3）收集邮箱（前面已经详细介绍过）。

（4）发送邮箱（做好测试，制定好推送时间）。

（5）回收数据（收集打开率、转化率等数据）。

（6）分析优化（利用 A/B 测试，根据数据优化标题、邮件内容等）。

核心要素是：内容要精准、用户要精准、定位要精准。

在找到精准的用户之后，还需要设计和制作精美的营销邮件内容，我们需要做到以下几点。

第 1 点：层次分明的排版。

用户放弃阅读邮件的主要原因之一，是在短时间内无法从邮件中获取有兴趣的信息。在进行邮件文本内容排版时，要将邮件内容提炼成几个部分，用标题、正文区分开，让用户一眼就可以"扫描"到整个邮件的重点。图 9-7 所示是错误的与正确的排版示例。

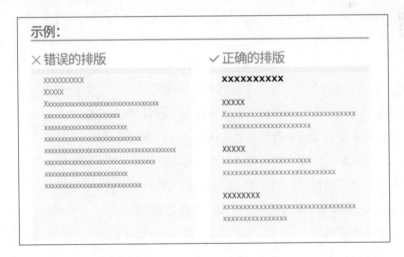

图 9-7　错误的与正确的排版示例

第 2 点：言简意赅的文案。

邮件内容的文案撰写需要简而精，直接告诉用户产品和服务的重点，避免长篇大论。言简意赅的邮件内容与合理的排版能够让用户快速获取邮件所要传达的主旨，从而达到邮件营销的目的。

第 3 点：添加社交媒体按钮。

用户拥有不同的资源，他们随时可能带来更多的潜在用户，而在邮件中添加社交媒体按钮，会大大提升这种可能性。

第 4 点：添加生动的图片。

除文本外，图片也是邮件中不可缺少的部分。一方面，图片能有效丰富邮件内容，吸引用户的眼球，提升邮件的点击率和转化率；另一方面，图片可以更好地传递信息，减少文本，让用户的阅读体验更佳。

本章习题

一、名词解释

1. 邮件营销
2. 邮件到达率

二、选择题

1.（多选）关于邮件营销，以下表述哪些是正确的？（　　　）

A. 邮件营销是电商常用的营销方式，所以可以没有节制地发送

B. 邮件营销需要制定科学的策略和方法，从而达到预期效果

C. 邮件营销需要关注转化率，但是其他指标可以忽略

D. 邮件营销需要根据自己的品牌定位和目标人群来制定营销方案

2.（多选）下面哪些关于优化邮件营销的方法是正确的？（　　　）

A. 在策略上面优化

B. 方案要言简意赅

C. 排版要合理

D. 优化用户定位

三、填空题

1. 在 Facbook 平台，我们可以通过_____来发掘更多的用户邮箱。

2. 让消费者可以提升阅读率的方法或工具是_____和_____。

四、简答题

1. 请问邮件营销的步骤是什么？

2. 请问如何有效获取用户的邮箱地址？

第 10 章

标杆跨境电商
企业案例分析

10.1　SHEIN

SHEIN 诞生于 2008 年，当时 SHEIN 只是在跨境电商平台上开店的一个女装店铺，其特点就是迭代上新的速度很快，并且款式非常适合欧美的消费者。借助在各个跨境电商平台上的强势增长。在 2012 年，SHEIN 收购了一个叫 Sheinside 的网站，开始专注于独立站，并且重点打造海外时尚单品市场，然后开启了扩张之路。

在 2022 年，SHEIN 规模空前，年营收百亿美元，并且在超过 60 个国家的购物类 App 中名列前五，一举打败了亚马逊，成为 2022 年最受欢迎的线上购物类 App。

SHEIN 的成功取决于以下几个核心关键因素。

1. 供应链

SHEIN 的供应链是目前跨境服务类供应链中最丰富且响应速度最快的。以全球时尚巨头 ZARA 为例，ZARA 可以做到每周两次上新，有全年度推出超过 12 000 款新品的能力，这个能力已经让其他品牌难以望其项背了。但是 SHEIN 凭借其出色的供应链和资源整合的能力，还有强大的服装研发团队，可以做到每个月上新款超过 5000 款，并且每周的新 SKU 数量为 4 万～5 万个，这样的研发和上新能力超过了 ZARA。

2. 自营

SHEIN 的发展离不开跨境平台的支持，SHEIN 凭借其强大的供应链优势和运营能力，让很多跨境平台都把其列入超级品牌。随着时间的推移，虽然在平台上做生意有平台给予的流量，但是如果平台的策略和方向发生了调整，那么店铺很可能会变成牺牲品。在这样的背景下，SHEIN 决定开始自己建站，开启自营模式，不对平台形成依赖，可以更加灵活地调控流量和方向。虽然自建站的模式投入很大，但是只要坚持，慢慢就会在消费者心里形成"品牌心智"。

3. 营销

SHEIN 在品牌建立初期具备比较有前瞻性的营销策略，同时 SHEIN 也是中国第一批通过海外社交媒体来实现品牌传递的公司。在 2011 年的时候，SHEIN 就聚集了一大批海外的网红和 KOL（关键意见领袖）为其服务，SHEIN 也在 Facebook、Twitter 和 Instagram 上面开始品牌推广和宣传，让品牌有了强大的账号矩阵和粉丝基础。SHEIN 的模式给大家的启发是，做店铺要有前瞻性，有可持续的布局，这样才会有可持续发展的可能，如果只是和同行卖家竞争，就会进入价格战的恶性循环。

10.2　Anker

虽然 Anker 这个品牌名字在中国的 3C（计算机类、通信类和消费电子产品类）市场中已经家喻户晓了，但是最先熟悉这个品牌的用户群体应该是美国的消费者。Anker 是中国人在美国创立的品牌，通过成功的品牌运作，Anker 成了北美最大的办公零售商 Staples 的核心 3C 供应商。随着亚马逊的高速发展，再加上线下商业的局限性，Anker 决定投身线上，短短两年时间就成为亚马逊平台规模最大的数码零售品牌。图 10-1 所示是 Anker 的官方主页。

图 10-1　Anker 的官方主页

Anker 在高速发展的过程中，经历了三个阶段。

1. 探索阶段：倒卖生意

在品牌建立之初，Anker 做的也是倒卖生意。2010 年是手机行业的转折点，iPhone 4 的横空出世，让整个手机行业和手机配件行业有了翻天覆地的变化，同时也带来了巨大的机会。当时还在担任谷歌工程师的 Anker 创始人阳萌，看到了巨大的市场潜力，于 2011 年选择回国创业，起初阳萌利用国内华强北的供应链优势，直接采购充电宝、充电线然后发到美国亚马逊卖给海外用户。随着亚马逊运营的风生水起，到 2013 年的时候，Anker 发展成亚马逊最大的 3C 数码产品供应商。

2. 启动阶段：自主研发

2014 年，跨境电商平台在中国如雨后春笋般增长，这一年堪称中国跨境电商元年。同年，跨境电商企业超过 20 万家，平台企业超过 5000 家，各类资本也纷纷涌向这些企业。Anker 认识到如果一直走"白牌"的路线，在供应链侧永远没有话语权和主动权。Anker 针对之前销售出去的产品，认真分析了消费者的评价和意见。针对充电宝这类产品，Anker 决定做自主品牌，并且价格介于高端和中端之间，通过自主研发和不断迭代，Anker 在充电宝领域申请了很多专利，同时也做了很多创新。在接下来的几个月里，Anker 自主研发的新品一投入市场就卖到断货，消费者的反馈很好，然后 Anker 继续研发充电线、充电插头、蓝牙音箱等产品，取得了很好的反馈。

3. 高速发展阶段：品牌化

在 2018 年，随着海外的消费升级，海外消费者希望中国的卖家可以提供更好的服务和生态。随着品牌化的不断升级，Anker 已经是美国家喻户晓的充电品牌，着重打造数码产品生态，产品线包含移动电源、户外电源、锂电池等。同时在主流欧美国家设立海外仓，提供更好的用户服务和物流履约体验。慢慢地 Anker 有了自己的一套"微笑曲线理论"，就是公司自主研发+外协生产+自由市场营销，通过这套理论，Anker 也成功登陆 A 股市场，成了中国第二家上市的跨境电商公司。值得一提的是，Anker 的成功离不开公司对于科技研发的投入，因为 Anker 相信产品过硬才是最强的生产力。

Anker 最核心的竞争力就是产品的品质。不贪多，专注于"小而美"的风格，是让 Anker 可以立足于竞争如此激烈的 3C 市场然后上市的制胜之道。

10.3　安致股份

如果说 SHEIN 和 Anker 离我们普通卖家的距离太远，那么安致更加贴近国内的跨境卖家。图 10-2 所示为安致的官方网站。

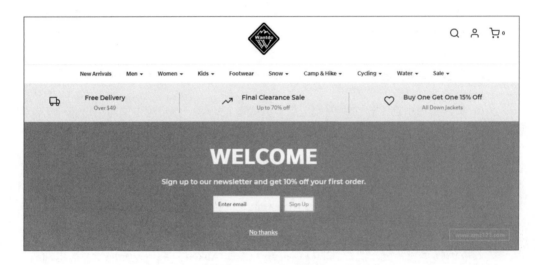

图 10-2　安致官方网站

安致主营的类目非常集中，其运动用品品牌 WantDo，包含滑雪、骑行、跑步、瑜伽、登山等类目。虽然安致所处的杭州并不是运动品类的产业带，但是安致深耕这个类目已经有很多年。和 Anker 不一样，安致主要通过亚马逊、eBay、OpenSky 等大型电商平台进行销售，在每一个电商平台上都是大品牌，每年的营收在 2 亿元以上。

对于服装类和运动用品类的卖家，库存是非常大的问题。安致通过精确计算产品的动销率，针对每一个 SKU 做优化，可以做到从用户下单到生产再到用户收货的时间不断缩短，减少库存数量，提升供应链的效率，这样就可以有效降本和提效。安致希望未来可以继续缩短生产和物流的周期。

安致通过多年沉淀下来的数据研究，对每一个产品进行预测，根据过往的销售周期，把产品的销售拆分成多个阶段，在每一个阶段实施之前都会把数据提前交给供应商，让供应商更好地准备原材料，等有订单的时候，生产的周期就会缩短，效率也会提升。

安致的成功在于能很好地控制成本，并且把目标进行了合理的拆解，这样下来，每一个环节都容易管理，同时也容易发现问题。在电商竞争日趋激烈的今天，拼的就是卖家精细化运营的能力，在这个方面，安致是非常值得卖家学习的。

安致深耕运动市场，并且不断降低成本提高利润，制定适合自己的运营策略，依靠自己的供应链优势，在跨境市场闯出了一片天地。

本章习题

一、名词解释

1. 平台电商

2. 独立站电商

3. 海外仓

二、选择题

1.（多选）WantDo 包含了那些运动类目？（　　　）

A. 骑行　　　　　　B. 滑雪　　　　　C. 登山　　　　　D. 游泳

2.（多选）下面哪几个社交媒体网站是 SHEIN 重点投放的？（　　　）

A. Facebook　　　　B. Twitter　　　　C. Instagram　　　D. 微博

三、填空题

1. SHEIN 目前在___个国家的购物类 App 中下载量第一。

2. 安致是一家专注于_____品类的跨境电商公司。

3. Anker 创业始于_____。

四、简答题

1. SHEIN 是背靠那些优势才把体量做到如此之大的？

2. Anker 发展的三个阶段的特点是什么？

第11章
跨境电商知识产权风险规避

11.1　知识产权的基本概念

知识产权也被称为知识所属权，是指权利人对其特定的创造性智力成果在一定期限内享有的专有权利。

随着人们知识产权意识的提高，各国政府、各个平台及知识产权人都日益重视对知识产权的保护。对于跨境电商卖家来说，为了确保长期稳定运营，避免因为知识产权方面的问题诱发运营风险，在运营中一定要尽可能地避免侵权行为的发生。

根据知识产权的分类，跨境电商卖家在运营中较常触及的侵权行为包括商标侵权、专利侵权、版权侵权三种。

商标侵权是指卖家未经授权销售带有权利人商标的产品，或者在产品描述和产品图片中添加其他权利人商标的行为。对于亚马逊平台的卖家来说，跟卖其他卖家有商标的产品也属于商标侵权。

专利一般分为发明专利、外观专利等。专利侵权是指卖家在没有得到权利人授权和许可的情况下，所售产品中包含完整的或者部分的权利人的专利的行为。

版权涉及图片拍摄、图案设计、版式设计和著作内容等方面，如果设计和内容是别人原创，且进行过版权备案的，那么在未经授权的情况下使用就属于版权侵权。

11.2　如何防范侵权行为的发生

在各个跨境电商平台上，发生侵权行为往往是导致账号受限的最大原因。轻则产品被下架，情节严重的，可能会导致账号被取消销售权限，账号余额被冻结，甚至被追究法律责任等。所以，卖家在运营中一定要防范侵权行为的发生。

第一，在选品和运营上，不要存在任何投机和侥幸心理。很多时候，卖家之所以发生侵权行为，往往是因为看到身边或者平台上有其他人在销售这些产品，但任何存在侵权或潜在侵权可能的销售行为都可能诱发运营风险，不可抱有侥幸心理。

第二，提升对产品的认知。很多卖家在运营中发生侵权行为被投诉，一定程度上是因为对自己所销售的产品不熟悉，对产品所涉及的知识产权要素识别不清、分析不全面。为了避免这种情况的出现，卖家一定要尽可能做到精细化选品，避免盲目进行多 SKU 铺货，提高自己对产品的认知，多角度了解产品信息和行业信息。只有掌握的信息足够全面，才能够更准确地知悉相关产品是否存在知识产权侵权陷阱，而一旦在调研中发现潜在的侵权要素，则要尽可能避免。

第三，加强与供应商、同行卖家的交流沟通，全方位、多维度熟悉自己所经营的类目和产品。有时候对产品侵权要素的识别仅靠自己是不够的，很多产品并没有太多的公开资料可供我们参考，在这种情况下，要想避免因为侵权被投诉，我们就应该加强与供应商的沟通，多与同行卖家交流，其他人的经验和建议可以起到提醒的作用。

第四，无论在哪个平台开设店铺，无论选择了什么样的产品，卖家一定要确保所有产品文案都是自己撰写的，确保所有产品图片都是自己拍摄的。如果相关素材不是自己产出的，使用前务必得到版权方的授权。

11.3　如何保护知识产权

对于跨境电商卖家来说，除了在运营中要做好调研，避免发生侵权行为之外，也要尽可能地保护好自己的知识产权。

具体来说，可以从以下几个方面入手。

第一，保留自己拍摄的产品原图。选定产品后，卖家要自己拍摄图片，同时保留产品原图，遇到图片被盗用的情况，可以用原图向平台投诉。

第二，注册商标。为了确保长期稳定运营，同时也为了让运营成果能够得到积累和沉淀，跨境电商卖家应该结合所经营的产品类目和目标市场，有针对性地注册商标。一个有效的商标可以在很大程度上降低被不良卖家侵扰的概率。

第三，申请专利。如果所售产品是自己设计的产品，可以对其申请专利，拥有了产品专利，就可以保护自己的设计，从而更好地保护运营成果。

11.4　商标注册注意事项

随着各个跨境电商平台规则的不断规范和各个国家跨境电商平台法规的日益完善，销售有商标的产品几乎成为各个平台的基本要求。为了确保长期稳定运营，注册一个本地商标也几乎成了每个卖家的"标配"。

注册商标的成本并不高，按照当前市面上代理注册商标的价格，注册美国商标只需要人民币 3500 元左右，注册欧盟商标只需要人民币 15 000 元左右。

同时，已注册商标的卖家和没有注册商标的卖家，在运营过程中，其心理是有微妙差别的。没有注册商标的卖家，随意和投机的心理会更多一些，就像在摆地摊，随时可以收摊走人；而已注册商标的卖家，其心理就好比从辛辛苦苦摆地摊到租下一个门面，并进行装修，投入得更多，也会更用心一些。不同的心理自然也就造成运营结果的大不同。

即便卖家决定不再运营跨境电商了，其商标还可以转让出去，好的商标甚至可以卖到 10 倍于注册成本的价格。

相信很多卖家都可以通过网络找到注册商标的全流程指导，也可以轻易地查到不同国家的商标注册费用。注册一个美国商标仅需 250 美元左右，折合人民币不到 2000 元，为什么那些商标注册代理商要收取 3500 元左右呢？有些卖家会觉得不值，再加上有教程指导，所以决定自己注册。但笔者并不建议这样做。

注册的全过程中，提交商标名称仅仅是第一步，之后还需要经过 10 个月左右的审核和公示期，在这个过程中，任何第三方的异议或者知识产权部门审核中判定的商标相似性等因素都会导致审核不通过，而一旦不通过，注册费用是不退还的。这就意味着，如果自己提交的商标注册失败，卖家面临的将是钱标两空。

大部分卖家都是第一次注册商标，需要边学习边摸索，而商标注册代理商相对来说经验丰富，它们知道注册商标过程中需要注意什么，也更熟悉如何去应对和解决。

我们注册好了商标，在运营上就可以更加安心地做长期打算了。

11.5　侵权被投诉后的应对建议

一般来说，发生侵权行为被投诉后，平台会有相应的通知，告知卖家侵权的原因、权利人及权利人联系方式等信息。卖家要对平台通知中所提供的信息进行分析并做出回应。具体的应对方案如下。

第一，根据平台通知，如果自己确实存在侵权行为，要在第一时间对店铺所售的所有产品进行筛查，判断是否还有其他产品存在类似侵权行为。如果有，要快速下架或者通过编辑去掉侵权要素，避免侵权事件的二次发生。

第二，结合侵权要素，根据通知中的权利人联系方式，主动和权利人联系。如果侵权要素不清晰，可以要求权利人提供侵权要素的说明；如果侵权要素清晰，要主动向权利人道歉，承认错误，并提出解决问题的方案和建议。

第三，如果已经导致账号受限，则要在联系权利人的同时向平台提交申诉邮件，在承认错误的同时向平台讲述自己已经采取的行动。申诉邮件的内容要具体、真实、详尽，同时，要态度诚恳地做出承诺，保证以后不再犯类似错误，并用诚恳热切的语言向平台表达对解除账号限制的期盼。

第四，如果权利人向法院提起诉讼，卖家账号和资金已经处在冻结状态，则要全面分析。如果无法直接和权利人达成和解，在投入可控的情况下，可以联系律师，通过法律途径或谈判来解决。

11.6 不售卖禁限售产品

禁限售产品指的是跨境电商平台明确禁止发布或者限制发布的产品。如有毒化学物品、电子烟等产品。发布这类产品对账号危害非常大，经营店铺前务必对禁限售类目有全面的了解。表 11-1 是 2023 年 2 月，笔者从阿里巴巴全球速卖通平台提取到的禁限售信息列表，供读者参考。

表 11-1 阿里巴巴全球速卖通禁限售违禁信息列表

全球速卖通禁限售违禁信息列表	违规处罚
（一）毒品、易制毒化学品及毒品工具	
1. 麻醉镇定类药品、精神药品、天然类毒品、合成类毒品、一类易制毒化学品	严重违规，最高扣除 48 分
2. 二类易制毒化学品、类固醇	一般违规，6 分/次
3. 三类易制毒化学品	一般违规，2 分/次
4. 毒品吸食、注射工具及配件	一般违规，2 分/次
5. 帮助走私、存储、贩卖、运输、制造毒品的工具	一般违规，1 分/次
6. 制作毒品的方法、书籍	一般违规，1 分/次

续表

全球速卖通禁限售违禁信息列表	违规处罚
（二）危险化学品	
1. 爆炸物及引爆装置	严重违规，最高扣除 48 分
2. 易燃易爆化学品	一般违规，6 分/次
3. 放射性物质	一般违规，6 分/次
4. 剧毒化学品	一般违规，6 分/次
5. 有毒化学品	一般违规，2 分/次
6. 消耗臭氧层物质	一般违规，1 分/次
7. 石棉及含有石棉的产品	一般违规，1 分/次
8. 烟花爆竹、点火器及配件	一般违规，0.5 分/次
（三）枪支弹药	
1. 大规模杀伤性武器、真枪、弹药、军用设备及相关器材	严重违规，最高扣除 48 分
2. 仿真枪及枪支部件	一般违规，6 分/次
3. 潜在威胁工艺品类	一般违规，2 分/次
（四）管制器具	
1. 刑具及限制自由工具	严重违规，6 分/次
2. 管制刀具	严重违规，6 分/次
3. 严重危害他人人身安全的管制器具	严重违规，6 分/次
4. 一般危害他人人身安全的管制器具	严重违规，2 分/次
5. 弩	严重违规，0.5 分/次
（五）军警用品	
1. 制服、标志、设备及制品	一般违规，2 分/次
2. 限制发布的警用品	一般违规，0.5 分/次
（六）药品	
1. 处方类、激素类、放射类药品	一般违规，6 分/次
2. 特殊药制品	一般违规，6 分/次
3. 有毒中药材	一般违规，2 分/次
4. 口服性药及含违禁成分的减肥药、保健品	一般违规，2 分/次
5. 非处方药	一般违规，2 分/次
（七）医疗器械	
1. 医疗咨询和医疗服务	一般违规，6 分/次
2. 三类医疗器械	一般违规，1 分/次
3. 其他医疗器械：除三类医疗器械外，其他需要专业人员指导操作的医疗器械	一般违规，1 分/次

全球速卖通禁限售违禁信息列表	违规处罚
（八）色情、暴力、低俗及催情类用品	
1. 涉及兽交、性虐、乱伦、强奸及儿童色情相关信息	严重违规，最高扣除 48 分
2. 含有淫秽内容的音像制品及视频、色情陪聊服务、成人网站论坛的账号及邀请码	严重违规，最高扣除 48 分
3. 含真人、假人、仿真器官等露点及暴力图片	一般违规，2 分/次
4. 原味产品	一般违规，0.5 分/次
5. 含有宣传血腥、暴力的及不文明的用语	一般违规，0.5 分/次
（九）非法用途产品	
1. 用于监听、窃取隐私或机密的软件及设备	一般违规，6 分/次
2. 信号干扰器	一般违规，6 分/次
3. 非法软件及黑客类产品	一般违规，2 分/次
4. 用于非法摄像、录音、取证等用途的设备	一般违规，2 分/次
5. 非法用途工具（如盗窃工具、开锁工具、银行卡复制器）	一般违规，2 分/次
6. 用来获取需授权方可访问的内容的译码机或其他设备（如卫星信号收发装置及软件）	一般违规，2 分/次
（十）非法服务类	
1. 政府机构颁发的文件、证书、公章、勋章，身份证及其他身份证明文件，用于伪造、变造相关文件的工具、主要材料及方法	严重违规，最高扣除 48 分
2. 单证、票证、印章、政府及专门机构徽章	严重违规，最高扣除 48 分
3. 金融证件、银行卡，用于伪造、变造的相关工具、主要材料及方法，涉及洗钱、非法集资等	严重违规，最高扣除 48 分
4. 个人隐私信息及企业内部数据，提供个人手机定位、电话清单查询、银行账号查询等服务	一般违规，2 分/次
5. 法律咨询、彩票服务、医疗服务、教育类证书代办等相关服务	一般违规，2 分/次
6. 追讨服务、代加粉丝或听众服务，签证服务	一般违规，0.5 分/次
（十一）收藏类	
1. 货币、金融票证，明示或暗示用于伪造、变造货币、金融票证的主要材料、工具及方法	严重违规，最高扣除 48 分
2. 虚拟货币（如比特币）	一般违规，6 分/次
3. 金、银和其他贵重金属	一般违规，2 分/次
4. 国家保护的文物、化石及其他收藏品	一般违规，2 分/次
（十二）人体器官、保护动植物及捕杀工具	
1. 人体器官、遗体	严重违规，最高扣除 48 分
2. 重点和濒危保护动物活体、身体部分、制品及相关工具	一般违规，2 分/次

续表

全球速卖通禁限售违禁信息列表	违规处罚
3. 鲨鱼、熊、猫、狗等动物的活体、身体部分、制品及任何加工机器	一般违规，2 分/次
4. 重点和濒危保护植物、制品	一般违规，1 分/次
（十三）危害国家安全及侮辱性信息	
1. 宣扬恐怖组织和极端组织信息	严重违规，最高扣除 48 分
2. 宣传国家分裂及其他各国禁止传播发布的敏感信息	严重违规，最高扣除 48 分
3. 涉及种族、性别、宗教、地域等歧视性或侮辱性信息	一般违规，2 分/次
4. 其他含有政治色彩的信息	一般违规，0.5 分/次
（十四）烟草	
1. 成品烟及烟草制品	一般违规，6 分/次
2. 电子烟液	一般违规，6 分/次
3. 电子烟器具、部件及配件	错放类目，0.5 分/次
4. 制烟材料及烟草专用机械	一般违规，0.5 分/次
5. 含有烟草图片（使用含有烟液的图片或图片中有烟液展示）	一般违规，1 分/次
（十五）赌博	
1. 在线赌博信息	一般违规，2 分/次
2. 赌博工具	一般违规，2 分/次
（十六）制裁及其他管制产品	
1. 禁运物	一般违规，1 分/次
2. 其他制裁产品	一般违规，1 分/次
（十七）违反目的国/本国产品质量技术法规/法令/标准的、劣质的、存在风险的产品	
1. 经权威质检部门或生产商认定、公布或召回的产品；各国明令淘汰或停止销售的产品；过期、失效、变质的产品；无生产日期、无保质期、无生产厂家信息的产品	一般违规，2 分/次
2. 高风险及安全隐患类产品	一般违规，1 分/次
（十八）部分国家法律规定禁限售产品及因产品属性不适合跨境销售而不应售卖的产品	
1. 部分国家法律规定不允许或限制售卖的产品	按照禁限售已约定类别处理
2. 因产品属性不适合跨境销售而不应售卖的产品（如香水、茶叶、粉末状动/植物提取物等食用保健品、食品等）	退回、下架、冻结或关闭账号

  跨境电商平台有权根据卖家发布的禁限售产品信息做相应的处罚，任何恶意规避禁限售规则的行为都可能导致账号被永久关闭，请卖家重视。

本章习题

一、名词解释

1. 商标侵权
2. 专利侵权

二、选择题

1.（多选）如果发现有侵权行为，以下哪些选项是正确的处理措施？（　　　）

A. 排查店铺其他产品　　　　　　B. 联系权利人和解

C. 不做处理　　　　　　　　　　D. 用原来的产品信息重新上货

2.（多选）卖家上货前必须对产品做的风险筛查项有（　　　）。

A. 排查侵权风险　　　　　　　　B. 确定是长尾品

C. 确定是热卖品　　　　　　　　D. 排查禁限售风险

三、填空题

1. 烟花爆竹这类产品违反了平台的＿＿＿＿＿＿规则，不能销售。
2. 卖家上传产品的时候盗用了其他卖家拍摄的图片，这种侵权行为属于＿＿＿＿＿＿侵权。

四、简答题

如何在经营过程中保护自身权益？

第12章

跨境电商的团队组建及团队管理

12.1　跨境电商创业者需要准备的资料及需要掌握的技能

电商行业创业相较于传统行业创业来说，场地、压货、销售成本更低，而其中跨境电商的入门门槛要高于国内电商，所以进行跨境电商创业对设备、创业者的能力及知识储备量要求高一些。

在已拥有优质产品的前提下，如何更好地将其特点展现出来至关重要。而在电商行业，产品的展示主要通过产品主图、详情页、产品视频、短视频及直播等途径，电脑等设备自不用多说，一台拍摄清晰的单反相机也是必不可少的，如果创业者打算利用短视频和直播带货，还需要一部高像素的手机。若创业初期想控制成本，可以先用手机代替相机拍摄主图及详情页图片。同样重要的还有补光灯、幕布、装饰道具等配套设备。

做跨境电商难免会访问外网，很多人为了操作方便和降低成本，选择使用 VPN"翻墙"，这是十分危险的行为。因为 VPN 为公用节点，多人使用同一 IP 地址注册的电商账号，很容易被一些电商平台判断为不安全账号，从而受到降流甚至封号等处罚。更重要的是，使用 VPN"翻墙"本就是不符合法律法规的行为，跨境电商创业者一定要意识到问题的严重性。

初创企业的人员配置一定是不齐全的，所以，身为创业者，自身实力一定要过硬。运营能力自不用多说，摄影、美工、文案、客服、模特、主播，仍至打包等角色或工作，在人手不够的情况下，创业者都要做好亲力亲为的准备。因为我们做的是跨境电商，尽管可以使用翻译软件，但是也依然要具备一定的外语尤其是英语的阅读能力。

12.2　跨境电商所需要的人才配置

当度过了创业初期，需要增加人员的时候，跨境电商企业要招聘什么样的人才呢？通常情况下，创业者本身就拥有运营能力，所以首先需要招聘的是能够补足创业者能力短板的人才和急缺的人手。

当订单量上涨时，我们首先需要做的是补足客服和打包两个岗位的专员，初创团队成员大部分都是拥有特定技术的，在企业发展阶段让技术人员去做机械性工作绝对是一种资源浪费，同时也会分散他们的精力。打包人员的能力要求较低，只要肯吃苦即可，通常打包人员是兼职岗位，薪资计算方式以计件或工作时长为主要依据。而对于客服人员，最好招聘拥有较好英语能力或当地市场语言能力的人才，所以懂得外语的跨境电商客服，薪资水平要高于国内客服。

当店铺发展后，简单的主图、详情页、视频不足以满足店铺需求，所以专业的摄影师、美工、文案、视频剪辑和后期制作人员也是必不可少的。

如果企业希望涉足直播业务，那么必须要搭建主播团队，团队前期至少需要配置主播、直播运营和场控三个岗位的人员。

主播是直播间的门面，需要具备明显的个人特色，在相貌、气质、才艺、才华、感染力等方面，要有突出的优势。主播在直播间内，主要负责讲解产品、介绍活动、统筹全场并与粉丝或观众进行互动。

直播运营主要负责直播全流程的统筹，包括直播间的脚本、话术、活动玩法、拍品、复盘等全部内容。

场控的作用主要在于控制主播的直播节奏，同时要在直播过程中注意主播的指令，配合主播进行互动。开播前进行设备调试、软件设置、后台操作，并在直播期间进行数据监控、后台操作、改价等属于中控人员的工作，在创业前期人员不足的情况下，通常由场控人员来完成中控工作内容。

如果把一场直播比作拍摄一部电影，那么主播就是演员，直播运营就是导演，而场控人员就是道具负责人和副导演。

在团队壮大后，就需要招聘专门的选品运营、产品运营、流量运营、视频运营、活动运营、客户运营、直播间副播、直播间客服、直播中控等岗位人员。

12.3　跨境电商团队的绩效考核

一般员工的工作主要由本岗位日常工作、本岗位临时工作和非本岗位工作三部分组成。考核时应根据员工本职工作质量，以及员工临时工作及非本岗位工作完成程度，给予适当的奖惩。

除此之外，客服人员的绩效考核要单独说明。不同平台对客服要求不同，但主要包括以下数据指标：客服响应速度、被分配会话数、响应会话数、24 小时人工响应会话数、24

小时人工响应率、超时响应会话数、未响应会话数、客户满意度、平均首次响应时长等。

在制定客服考核制度的时候，应当把以上数据指标加入考核标准。

本章习题

一、选择题

1.（多选）电商行业创业相较于传统行业创业来说，所需要的（　　）成本更低。

A. 场地　　　　　　B. 人力　　　　　　C. 压货　　　　　　D. 销售

2.（单选）（　　）岗位的绩效考核往往不同于其他岗位。

A. 运营　　　　　　B. 客服　　　　　　C. 场控　　　　　　D. 行政

二、填空题

1. 在电商行业，产品的展示主要通过＿＿＿＿、＿＿＿＿、＿＿＿＿、＿＿＿＿及＿＿＿＿等途径。

2. 当订单量上涨时，我们首先需要的是补足＿＿＿＿和＿＿＿＿两个岗位的专员。

3. 如果企业希望涉足直播业务，那么必须要搭建主播团队，团队前期至少需要配置＿＿＿＿、＿＿＿＿和＿＿＿＿三个岗位的人员。

三、简答题

1. 请概述使用 VPN 的危害。

2. 电商主播需要具有什么特质，主要在直播间负责什么？

3. 在团队壮大后还需要招聘什么岗位的人才？

4. 对客服人员的考核主要包括什么内容？

附录 A

习题答案

第1章

一、名词解释

1. 跨境电商是指属于不同关境的用户和卖家以电子商务平台为交易媒介，以在线支付为交易结算渠道，以跨境物流为产品传输纽带，最终实现在线跨境交易的商业贸易行为。

2. 跨境 B2B 是 Business-to-Business 的缩写，即企业与企业的交易，通俗地说，跨境 B2B 平台是以批发为主的线上交易平台。跨境 B2C 是 Business-to-Customer 的缩写，即企业与终端用户的交易，通俗地说，跨境 B2C 平台是以零售为主的线上交易平台。跨境 C2C 是 Customer-to-Customer 的缩写，即个人同个人的交易，目前阿里旗下的闲鱼平台是国内 C2C 的电商平台。

3. Stock Keeping Unit，存货单位。

4. Gross Merchandise Volume，产品交易总额。

二、选择题

1. A

2. B

3. C

4. ABCDE

5. ACDГ

三、填空题

1. 快速的物流　更好的退换货服务及购物体验

2. 滞销库存　本土化挑战

3. Facebook　Google

四、简答题

1. 货物配送到达目的地速度慢；货物投递信息难追踪；国内出口报关和目的国进口清

关速度慢；货物运输过程易破损；货物难退换。

2. 客服质量的提升；开设海外仓；买家和网站的交互；直播销售；社交互动。

第 2 章

一、名词解释

1. 动销产品的数量除以库存产品的总量。

2. Fulfillment by Amazon，亚马逊配送，是指亚马逊官方的物流服务。

二、选择题

1. ACD

2. ABCD

三、填空题

1. KYC

2. 2016

四、简答题

1. 需要企业资质，需要企业支付宝，需要有商标资质，需要缴纳保证金。

2. 在中台能力、物流能力、支付能力，以及服务能力方面进行了提升。

第 3 章

一、名词解释

1. SPA 是亚马逊最常规的广告付费模式，在亚马逊平台只有拥有黄金购物车的产品才可以创建，且手机端和 PC 端是同步的。

2. HSA 是基于亚马逊的搜索广告，是优先于其他搜索结果显示的高曝光展示方式。

3. PDA 提供给 VC 卖家和 VE 卖家使用，比付费产品广告和标题搜索广告拥有更多展示区域，广告可以出现在产品详情页侧面和底部、买家评论页等。

二、选择题

1. D
2. C
3. ABCD
4. C
5. C

三、填空题

1. 文章　短视频　图片
2. SEO 推广
3. 浏览量　点赞数　评论数

四、简答题

1. 亚马逊的站内广告付费模式包括付费产品广告、头条搜索广告、产品展示广告等。站外引流包括搜索引擎推广引流、SEO 搜索引擎优化、内容营销、电子邮件营销、跨境电商独立站营销、海外社交媒体营销、海外口碑营销、网红营销、线下营销、联盟营销、在线广告投放、社区营销等。

2. 一场直播活动的在播时长，以及产生的销售总额等，还可以考核品牌和产品的话题传播率、在线人数、留观率、成交率、品牌认知度等。

第 4 章

一、名词解释

1. 卖家不遵守平台规则，骗取曝光和排名的行为。

2. 卖家将一件产品在同一个店铺内恶意发布多次，或者开设多个店铺重复发布一件产品。

二、选择题

1. D

2. A

3. ABD

三、填空题

1. 搜索作弊　侵权

2. 纠纷

四、简答题

1. 设置的部分关键词关联度低（把"毛衣"这个关键词误放入沙滩裤类目）。

2. 价格作弊。

第 5 章

一、名词解释

1. 内容电商通常也被称作兴趣电商，它是一种通过高质量的文字、图片、视频或直播内容吸引用户，引发用户兴趣，从而使其产生交易行为的区别于传统电商的新型电商模式。

内容电商的本质还是广告，不过与传统广告不同的是，它具有更强的时效性、趣味性、互动性和针对性。所以在某种程度上来讲，内容电商其实重新定义了传统广告，它让广告以一种更容易为用户们所接受的形式展现了出来。

2. TikTok Shop Deposit 就是 TikTok 店铺的保证金，是 TikTok Shop 在卖家注册过程中收取的一笔款项，用于保护 TikTok、买家和用户，防止卖家在 TikTok Shop 经营期间违反适用条款、法律法规或其他要求。

它是卖家必须支付的一笔担保款项。具体金额由卖家选择的产品类目而定。如果卖家希望销售的产品属于多个产品类目，店铺保证金的金额以最高为准。

跨境卖家向平台支付保证金后，才能在 TikTok Shop 开展业务。

3. KOL（Key Opinion Leader，关键意见领袖）是营销学的一个词汇，通常指的是拥有比买家更多的、更准确的产品信息，为粉丝和大众所接受或信任，并且对粉丝和大众的购买行为具有较大影响力的人。

4. KOC（Key Opinion Consumer，关键意见消费者）的影响力较小。因为他们的粉丝数相对较少，所以影响范围通常局限于家人、朋友和粉丝。KOC 本身就具有消费者的身份，他们分享的内容以自己的亲身体验为主，因此，他们反而可以更容易取得身边人和粉丝们的信任。

5. 垂直化账号分为两种，狭义垂直账号与泛垂直（广义垂直）账号。狭义垂直账号指该账号只发布某一细分领域内的作品，而泛垂直账号则发布某领域及与该领域相关的其他领域的作品。

二、选择题

1. BEFG

2. D

3. BC

4. CG

5. D

6. D

7. C

三、填空题

1. 国际版抖音

2. Shopify

3. 沃尔玛 直播带货

4. 本土

5. 缴纳保证金

6. 中文水印

7. KOL KOC

四、简答题

1. 狭义垂直账号下的粉丝要远比泛垂直账号精准，同时账号下仅有一个细分领域相关的视频也会让粉丝感受到创作者的专业程度高，能够提升粉丝对创作者的信任程度。而由于该类账号专业性强，粉丝黏性、信任度、精准度高，所以这类账号在带货时获得的佣金比例也较高。但又因为专业性强，粉丝精准度高，所以粉丝、目标粉丝和受众数量就会较少，又因其垂直度高，导致该类型账号可以接触到的推广范围缩小，愿意与之合作的卖家相较之下也会少很多。

而泛垂直账号的粉丝虽然不如狭义垂直账号那么精准，专业程度不如狭义垂直账号强，粉丝黏性和粉丝的精准度也会较低，但由于其发布视频领域较广，粉丝、目标粉丝和受众数量要远超狭义垂直账号，所以这类账号可以接触到的推广范围更广，愿意与之合作的卖家较多，但佣金比例不如狭义垂直账号高。

2. 在注册 TikTok 跨境店之前，首先要准备一部专门用于运营 TikTok 的手机，通常使用 iPhone 或者谷歌手机进行操作，并把手机语言改成英文模式，同时准备一个没有绑定过其他账号的全新手机。因为 TikTok 跨境店目前不支持个人用户及个体工商户（个体独资企业）注册，所以还需要有非个人独资企业的营业执照及企业法人代表身份证正反面照片（一家企业最多可以注册 5 个卖家账号）。最后需要再注册一个接受验证码和 TikTok 官方信息的邮箱。

3. TikTok 一共有 5 种促销工具，分别为：Product Discount（单品折扣）、Flash Deal（秒杀促销）、Buy More Save More（多买优惠）、Voucher（优惠券）及 Shipping Fee Discount（运

费折扣)。

第6章

一、名词解释

黑五是圣诞采购季的开端,是感恩节的后一天,每年11月的第四个星期五。

二、选择题

1. D

2. B

3. D

4. D

5. C

三、填空题

1. 万圣节

2. 客服　支付　物流　售后

3. KOL　KOC

四、简答题

1. "黑五"节前营销策略:

(1) 节日网站页面装修设计。

(2) 邮件营销。

(3) 做好促销产品的准备工作。

(4) 广告投放。

"黑五"当天引爆流量:

(1) 分时段促销。

（2）客服一定要在线。

"黑五"节后不可松懈：

（1）筛选产品。

（2）做到完美售后。

2.　（1）圣诞元素要丰富亮眼。

（2）准备圣诞特色的促销产品。

（3）多渠道推广。

（4）优质服务助力成交。

第 7 章

一、名词解释

1. 数据运营指数据的拥有者通过对数据的收集、整理、清洗、分析挖掘，将数据中的信息传递给数据使用者使用。

2. 曝光就店铺或商品被用户看到，分为实曝光和虚曝光。

3. 点击指的是用户在浏览器或者 App 上点击某个页面或者位置的行为，是曝光的下一个行为。

4. 询盘也叫询价，英文为 Inquiry，是指为了购买或者销售某项产品或者服务，而向对方询问交易细节。

二、选择题

1. B

2. C

3. C

4. D

5. ABCD

6. AD

三、填空题

1. 行业趋势判断　竞品调研　选品　商品 Listing 准备

2. 基础性（Primary）　同理心（Empathy）　真实性（Realistic）　独特性（Singular）目标（Objectives）　数量（Number）　可应用性（Applicable）　长久性（Long）

3. 产品价格　产品数量　包装规格　多角度细节图　生产车间视频　产品展示视频联系方式　联系人　公司地址

四、简答题

1. 数据运营的价值在于把用户、用户行为、营销行为量化表达，是当代营销决策的根基，能帮助企业看得全、看得深、看得清，给营销带来事半功倍的增长价值。

2. 曝光 UV-点击 UV、曝光次数-点击次数、访问 UV-下单 UV、跳出率、订单转化率。

第 8 章

一、名词解释

1. 把同一类型的广告用两种平行的方式去投放，测试哪一个方式的效率更高，从而确定最终的广告投放方式。

2. 内容创作者给自己的内容打标签，使内容的标签和目标用户的标签匹配，从而可以精准地把内容推送给消费者和用户。

二、选择题

1. ABCD

2. BCD

三、填空题

1. HashTag

2. 单一广告　高级广告

四、简答题

1. 首先需要用海外的邮箱来注册账号，避免收不到验证码，然后正确填写账号信息，比如电话号码和网站地址，避免用户联系不到博主，同时可以把实体店铺的地址（如果有）和 Instagram 的账号关联起来，帮助引流。最后账号的简介要写清楚账号的主要用途，并且加入电商网站的链接，方便用户访问。

2. 内容电商不同于传统电商，通过内容电商不仅可以购物，还可以看到用户感兴趣的内容，比如图文和短视频。内容电商有更加丰富的渠道可以让卖家和用户进行互动，包括评论、"种草"和私域传播等。内容电商更加易于传播，复购率更高，粉丝的黏性更强。

第 9 章

一、名词解释

1. 在用户事先许可的前提下，通过电子邮件的方式向目标用户传递价值信息的一种网络营销手段。

2. 营销邮件发出以后，用户实际收到的邮件和发送总邮件数量的比值。

二、选择题

1. BD
2. ABCD

三、填空题

1. 微匹
2. 合理的排版　优惠券

四、简答题

1.（1）策划；（2）内容制作；（3）收集邮箱；（4）发送邮箱；（5）回收数据；（6）分析优化。

2. 通过社交网站发掘精准客户；通过直接输入网址发掘精准客户；通过搜索引擎发掘精准客户。

第 10 章

一、名词解释

1. 平台电商在跨境平台自身有流量基数，卖家在平台开店，从而把产品通过平台销售给消费者。

2. 独立站电商不依赖平台，卖家自己的店铺和产品需要卖家自己吸引流量形成转化。

3. 卖家通过在销售目的地国来建立仓库，实现快速履约和降本，从而达到提升客户体验的目的。

二、选择题

1. ABCD
2. ABC

三、填空题

1. 20
2. 运动
3. 美国

四、简答题

1. 第一是供应链，SHEIN 有丰富的供给和强有力的产品价格优势。第二是自营，结合过往的扎实的运营经验，SHEIN 的独立站在公域和私域两方面同时发力，慢慢积累大量粉丝，实现了规模化运营。第三是营销，SHEIN 建立了庞大的社交媒体矩阵，在社交媒体上有着非常大的影响力。

2. 第一阶段，Anker 是做倒卖生意的，但是倒卖生意是有没有壁垒的，很难实现规模化。第二阶段 Anker 开始自主研发，靠过硬的产品实力来抢夺市场。第三阶段 Anker 通过品牌化迅速让国内和国外的消费者认可其产品线，最终取得了 3C 配件北美第一的成绩。

第 11 章

一、名词解释

1. 卖家未经授权销售其他权利人商标下的产品，或者在产品描述和产品图片中添加其他权利人商标的行为。

2. 卖家在没有得到权利人授权和许可的情况下，其所售产品中包含完整的或者部分的其他权利人的专利的行为。

二、选择题

1. AB
2. AD

三、填空题

1. 禁限售
2. 版权

四、简答题

保留拍摄的产品原图，注册商标，申请专利。

第 12 章

一、选择题

1. ACD
2. B

二、填空题

1. 产品主图　详情页　产品视频　短视频　直播
2. 客服　打包
3. 主播　直播运营　场控

三、简答题

1. VPN 为公用节点，在多人使用的同一 IP 地址下注册的电商账号，很容易被一些电商平台判断为不安全账号，从而受到降流甚至封号等处罚。更重要的是，使用 VPN"翻墙"本就是不符合法律法规的行为，跨境电商创业者一定要意识到问题的严重性。

2. 主播是直播间的门面，需要具备明显的个人特色，在相貌、气质、才艺、才华、感染力等方面，要有突出的优势。主播在直播间内，主要负责讲解产品、介绍活动、统筹全场并与粉丝和观众进行互动。

3. 在团队壮大后，就需要招聘专门的选品运营、产品运营、流量运营、视频运营、活动运营、客户运营、直播间副播、直播间客服、直播中控等岗位人员。

4. 客服响应速度、被分配会话数、响应会话数、24 小时人工响应会话数、24 小时人工响应率、超时响应会话数、未响应会话数、客户满意度、平均首次响应时长等。